Tributos federais sobre circulação, produção e comércio

volume 2

Central de Qualidade — FGV Management
ouvidoria@fgv.br

PUBLICAÇÕES
FGV Management

SÉRIE DIREITO TRIBUTÁRIO

Tributos federais sobre circulação, produção e comércio

volume 2

Joaquim Falcão

Sérgio Guerra

Rafael Almeida

Organizadores

FGV | DIREITO RIO
EDITORA
IDE

Direitos desta edição reservados à
EDITORA FGV
Rua Jornalista Orlando Dantas, 37
22231-010 | Rio de Janeiro, RJ | Brasil
Tels.: 0800-21-7777 | 21-3799-4427
Fax: 21-3799-4430
editora@fgv.br | pedidoseditora@fgv.br
www.fgv.br/editora

Impresso no Brasil | *Printed in Brazil*

Os conceitos emitidos neste livro são de inteira responsabilidade dos autores.

1ª edição — 2017

Preparação de originais: Sandra Frank
Editoração eletrônica: FA Studio
Revisão: Aleidis Beltran | Fatima Caroni
Capa: aspecto:design

Ficha catalográfica elaborada pela
Biblioteca Mario Henrique Simonsen/FGV

Tributos federais sobre circulação, produção e comércio, v.2 / Organizadores: Joaquim Falcão, Sérgio Guerra, Rafael Almeida. – Rio de Janeiro : FGV Editora, 2017.
144 p. — (Direito tributário (FGV Management))

Publicações FGV Management.
Inclui bibliografia.
ISBN: 978-85-225-1930-9

1. Direito tributário. 2. Impostos. 3. Imposto sobre produtos industrializados. 4. Contabilidade tributária. I. Falcão, Joaquim, 1943- . II. Guerra, Sérgio, 1964- . III. Almeida, Rafael. IV. Fundação Getulio Vargas. V. FGV Management. VI. Série.

CDD – 341.39631

Nossa missão é construir uma Escola de Direito referência no Brasil em carreiras públicas e direito empresarial, formando lideranças para pensar o Brasil no longo prazo e ser referência no ensino e na pesquisa jurídica para auxiliar o desenvolvimento e o avanço do país.

FGV DIREITO RIO

Sumário

Apresentação

Aliada à credibilidade de mais de meio século de excelência no ensino de economia, administração e de outras disciplinas ligadas à atuação pública e privada, a Escola de Direito do Rio de Janeiro da Fundação Getulio Vargas – FGV DIREITO RIO – iniciou suas atividades em julho de 2002. A criação dessa nova escola é uma estratégia da FGV para oferecer ao país um novo modelo de ensino jurídico capaz de formar lideranças de destaque na advocacia e nas carreiras públicas.

A FGV DIREITO RIO desenvolveu um cuidadoso plano pedagógico para seu Programa de Educação Continuada, contemplando cursos de pós-graduação e de extensão. O programa surge como valorosa resposta à crise do ensino jurídico observada no Brasil nas últimas décadas, que se expressa pela incompatibilidade entre as práticas tradicionais de ensino do direito e as demandas de uma sociedade desenvolvida.

Em seu plano, a FGV DIREITO RIO assume o papel de formar profissionais preparados para atender às reais necessidades e expectativas da sociedade brasileira em tempos de globalização. Seus cursos reforçam o comprometimento da escola em inserir no mercado profissionais de direito capazes de lidar com áreas interdisciplinares, dotados de uma visão ampla das questões jurídicas e com sólidas bases acadêmica e prática.

A Série Direito Tributário é um importante instrumento para difusão do pensamento e do tratamento dado às modernas teses e questões discutidas nas salas de aula dos cursos de MBA e de pós-graduação, focados no direito tributário, desenvolvidos pela FGV DIREITO RIO.

Dessa forma, esperamos oferecer a estudantes e advogados um material de estudo que possa efetivamente contribuir com seu cotidiano profissional.

Introdução

Este volume dedicado ao estudo de tributos federais sobre circulação, produção e comércio tem origem em profunda pesquisa e sistemática consolidação dos materiais de aula acerca de temas que despertam crescente interesse no meio jurídico e reclamam mais atenção dos estudiosos do direito. A intenção da Escola de Direito do Rio de Janeiro da Fundação Getulio Vargas é tratar de questões atuais sobre o tema, aliando a dogmática e a pragmática jurídicas.

A obra trata, de forma didática e clara, dos conceitos e princípios dos tributos federais sobre circulação, produção e comércio do país, analisando as questões em face das condições econômicas do desenvolvimento do país e das discussões recentes sobre o processo de reforma do Estado.

O material aqui apresentado abrangerá assuntos relevantes, como:

1) IPI: parte geral e aspectos constitucionais;
2) IPI: campo de incidência, contribuintes e responsáveis;

3) IPI: fato gerador, base de cálculo e suspensão – a incidência na importação;
4) contabilidade tributária: IE, II, IOF e IPI.

Em conformidade com a metodologia da FGV DIREITO RIO, cada capítulo conta com o estudo de *leading cases* para auxiliar na compreensão dos temas. Com ênfase em casos práticos, pretendemos oferecer uma análise dinâmica e crítica das normas vigentes e sua interpretação.

Esperamos, assim, fornecer o instrumental técnico-jurídico para os profissionais com atuação ou interesse na área, visando fomentar a proposição de soluções criativas para problemas normalmente enfrentados.

1

IPI: parte geral e aspectos constitucionais

Roteiro de estudo

Imposto sobre produtos industrializados

O imposto sobre produtos industrializados (IPI) foi criado pela Emenda Constitucional (EC) nº 18/1965, em substituição ao antigo imposto sobre consumo.

A comissão que elaborou o anteprojeto da referida emenda constitucional adotou o novo termo "IPI" por observar que essa denominação estaria mais coerente com a natureza do imposto. De fato, desde a Lei nº 2.974/1956, o tributo já havia deixado de ser um imposto sobre consumo de mercadorias, e passou a ser um imposto sobre a circulação de mercadorias na fase de sua produção.[1]

Embora o IPI seja um tributo de competência da União desde sua criação, grande parte do produto de sua arrecadação

---

[1] SOUSA, Rubens G. O IPI e as vendas de ativo fixo. *Revista dos Tribunais*, São Paulo, v. 406, p. 53 e segs., 1969.

é objeto de transferências intergovernamentais, na forma do art. 159, I e II, da Constituição Federal (CRFB/1988), como será detalhado nos capítulos seguintes.

O IPI é classificado como imposto ordinário, uma vez que integra o rol dos tributos previstos regularmente na lei orçamentária, constituindo, portanto, fonte ordinária, periódica e constante de receita para o Estado.[2]

O referido imposto é regido pelo art. 153, IV e § 3º, da CRFB/1988, pelos arts. 46 a 51 do Código Tributário Nacional (CTN) e pela Lei nº 4.502/1964, além do Regulamento de IPI (Ripi – Decreto nº 7.212/2010) e da tabela de incidência do imposto sobre produtos industrializados (Tipi).

Por determinação expressa do supracitado art. 153, § 3º, I, da CRFB/1988, o IPI deve ser seletivo em função da essencialidade do produto, o que demonstra sua natureza extrafiscal. Isso significa que ele se destina a estimular a realização de operações com produtos industrializados[3] considerados de utilidade para a sociedade e, por outro lado, desincentivar o uso de produtos danosos ao interesse coletivo.[4]

É importante consignar a posição crítica de Hugo de Brito Machado sobre a função extrafiscal do IPI:

> Pretendeu-se que o IPI funcionasse como tributo de função extrafiscal proibitiva, tributando pesadamente os denominados artigos de luxo, ou supérfluos, como os perfumes, por exem-

---

[2] ROSA JUNIOR, Luiz Emygdio F. da. *Manual de direito financeiro e direito tributário*. 18. ed. Rio de Janeiro: Renovar, 2005.

[3] Vittorio Cassone esclarece que produtos se diferenciam de mercadorias, considerando que aqueles são bens que estão na disponibilidade do industrial que os produz, passando a receber a segunda denominação quando o industrial os aliena ao comerciante. CASSONE, Vittorio. *Direito tributário*. 10. ed. São Paulo: Atlas, 1997. p. 272.

[4] CARRAZZA, Roque Antonio. *Curso de direito constitucional tributário*. 19. ed. São Paulo: Malheiros, 2003. p. 85.

plo, e também aqueles de consumo desaconselhável, como as bebidas e os cigarros. Todavia, parece que essa função "proibitiva" jamais produziu os efeitos desejados. Ninguém deixou de beber ou de fumar porque a bebida ou o fumo custasse mais caro, em razão da incidência exacerbada do imposto. Parece, assim, incontestável a predominância, no IPI, da função fiscal, não obstante deva ser ele um imposto seletivo em função da essencialidade dos produtos.[5]

No que se refere à classificação dos impostos em reais e pessoais,[6] a doutrina majoritária classifica o IPI como um imposto real, tendo em vista que incide sobre a operação,[7] sobre a relação de um sujeito com a coisa que dá origem à obrigação tributária (produto industrializado), deixando, dessa forma, de considerar a condição pessoal do contribuinte.[8]

De acordo com essa linha de entendimento, o comando constitucional expresso no § 1º do art. 145 da CRFB/1988, no sentido de que, sempre que possível, os impostos terão caráter pessoal e serão graduados conforme a capacidade contributiva do sujeito passivo, no caso específico do IPI, resta afastado, tendo em vista que predominam características materiais ou objetivas na configuração do fato gerador.[9]

---

[5] MACHADO, Hugo de Brito. *Curso de direito tributário*. 25. ed. São Paulo: Malheiros, 2004. p. 317.

[6] Sobre a importância, para fins hermenêuticos, da distinção entre impostos reais e pessoais, ver: ATALIBA, Geraldo. *Hipótese de incidência tributária*. 6. ed. São Paulo: Malheiros, 2002. p. 142.

[7] TORRES, Ricardo Lobo. *Tratado de direito tributário brasileiro*: sistemas constitucionais tributários. Rio de Janeiro: Forense, 1986. p. 309.

[8] AMARO, Luciano. *Direito tributário brasileiro*. 9. ed. São Paulo: Saraiva, 2003. p. 89. Sobre a distinção, igualmente, entre tributos pessoais e reais, ver: CARRAZZA, Roque Antonio. *Curso de direito constitucional tributário*, 2003, op. cit., p. 466.

[9] ROSA JUNIOR, Luiz Emygdio F. da. *Manual de direito financeiro e direito tributário*, 2005, op. cit., p. 890-891.

O IPI é classificado pela doutrina e pela jurisprudência como um imposto indireto,[10] ou seja, imposto que comporta a transferência da carga tributária do contribuinte legalmente obrigado a adimplir o seu pagamento para o contribuinte de fato. Em outras palavras, o ônus tributário será suportado, em definitivo, por outra pessoa que não o contribuinte de direito, ao final do processo econômico de circulação de riquezas.

Em termos práticos, a principal consequência da classificação do IPI como um tributo indireto será a exigência de que, para fins de apresentação de pedido de repetição de indébito, o contribuinte comprove: (1) que assumiu o encargo econômico da exação; ou, (2) em caso negativo, que obteve autorização expressa do seu cliente (aquele que efetivamente arcou com o ônus tributário) para pleitear a restituição.[11]

Sobre o tema, citamos a Súmula nº 546, de 3 de dezembro de 1969, do Supremo Tribunal Federal (STF): "Cabe a restituição do tributo pago indevidamente, quando reconhecido por decisão, que o contribuinte *de jure* não recuperou do contribuinte *de facto* o *quantum* respectivo".

O parágrafo único do art. 46 do CTN define que, para efeitos do IPI, produto industrializado será aquele "que tenha sido

---

[10] Cabe mencionar que a distinção entre impostos diretos e indiretos é apontada por alguns autores como destituída de fundamento científico. Nesse sentido: CARRAZZA, Roque Antonio. *Curso de direito constitucional tributário*, 2003, op. cit., p. 466; FALCÃO, Amílcar de Araújo. *Fato gerador da obrigação tributária*. 6. ed. Rio de Janeiro: Forense, 2002. p. 78; TORRES, Ricardo Lobo. *Tratado de direito tributário brasileiro*, 1986, op. cit., p. 233-235.

[11] Não obstante as considerações acima, esclarecemos que o atual entendimento do Superior Tribunal de Justiça (STJ) é no sentido de que apenas o "contribuinte de direito" possui legitimidade para apresentar pedido de repetição de indébito. Nesse sentido: BRASIL. Superior Tribunal de Justiça. AgRg no REsp nº 1.299.954/RS. Relator: ministro Arnaldo Esteves Lima. Primeira Turma. Julgamento em 2 de outubro de 2012. *DJe*, 17 out. 2012; BRASIL. Superior Tribunal de Justiça. AgRg nos EDcl no REsp nº 1.441.367/RS. Relator: ministro Herman Benjamin. Segunda Turma. Julgamento em 23 de setembro de 2014. *DJe*, 10 out. 2014.

submetido a qualquer operação que lhe modifique a natureza ou a finalidade, ou o aperfeiçoe para o consumo".[12]

Nos termos do art. 153, § 3º, II, da CRFB/1988, o IPI é um tributo não cumulativo, sendo possível compensar-se o que foi devido em cada operação com o montante cobrado nas anteriores. O CTN, em seu art. 49, disciplina tal regra, determinando que o montante devido resultará da diferença a maior, em determinado período, entre o "imposto referente aos produtos saídos do estabelecimento e o pago relativamente a produtos nele entrados", admitindo, ainda, a transferência para períodos seguintes de eventual saldo apurado naquele lapso temporal (parágrafo único do art. 49 do CTN).

Além disso, consoante os ensinamentos de Ricardo Lobo Torres,[13] o IPI compõe o quadro dos impostos sobre o comércio exterior, da mesma forma como o imposto de importação (II), o imposto de exportação (IE) e o imposto sobre circulação de mercadorias e serviços (ICMS), eis que grava a importação do produto estrangeiro. Sobre o tema, cabe consignar que, por previsão expressa do art. 153, § 3º, III, da CRFB/1988, o IPI deixa de incidir sobre aqueles produtos destinados ao mercado externo.

No que tange à modalidade de lançamento, a legislação atribui ao sujeito passivo o dever de antecipar o pagamento do tributo sem prévio exame da autoridade administrativa, operando-se pelo ato em que a referida autoridade, ciente da atividade exercida pelo obrigado, expressamente a homologa (restando configurado o lançamento por homologação, nos termos do art. 150 do CTN).[14]

---

[12] AMARO, Luciano. *Direito tributário brasileiro*, 2003, op. cit., p. 91.

[13] TORRES, Ricardo Lobo. *Curso de direito financeiro e tributário*. 9. ed. Rio de Janeiro: Renovar, 2002. p. 341.

[14] AMARO, Luciano. *Direito tributário brasileiro*, 2003, op. cit., p. 352.

O IPI pertence ao quadro dos impostos que incidem sobre a produção e circulação, sendo importante consignar o entendimento de Ricardo Lobo Torres[15] sobre a necessidade, no caso do IPI, de que haja produção e circulação, concomitantemente. As ulteriores fases unicamente de circulação dos produtos industrializados se sujeitariam apenas ao ICMS.

Nesse ponto, convém abordar a possibilidade de que uma mesma operação venha a constituir fato gerador, tanto do IPI quanto do ICMS.

Hipótese em que o próprio Texto Fundamental assevera, em seu art. 155, § 2º, XI, que não estará compreendido, na base de cálculo do ICMS, o montante do IPI quando a operação, realizada entre contribuintes e relativa a produto destinado à industrialização ou à comercialização, configure fato gerador de ambos os impostos.

Em relação ao imposto sobre serviços de qualquer natureza (ISS), destaca-se a controvérsia envolvendo a tributação dos serviços relacionados às atividades genericamente denominadas "industrialização por encomenda".

Enquanto vigente a lista de serviços anexa ao Decreto-Lei nº 406/1968, os serviços de industrialização de objetos não destinados à industrialização ou comercialização sujeitavam-se à incidência do ISS; sobre aqueles serviços reservados aos bens destinados a essas finalidades incidia o IPI.

Contudo, a partir da edição da Lei Complementar nº 116/2003, a expressão que remetia à finalidade do objeto da industrialização deixou de fazer parte da lista de serviços, o que conduziu a interpretação do dispositivo a uma zona cinzenta.

Não obstante, entendemos que, mesmo após a edição da Lei Complementar (LC) nº 116/2003, os serviços especificamente relacionados na lista anexa ao referido ato legal somente pode-

[15] TORRES, Ricardo Lobo. *Tratado de direito tributário brasileiro*, 1986, op. cit., p. 309.

riam ser tributados pelo ISS se não fossem realizadas no ciclo de industrialização, âmbito de competência do IPI.[16]

Contudo, ainda não há posicionamento pacífico dos Tribunais Superiores sobre a matéria. De fato:

1) No âmbito do Superior Tribunal de Justiça (STJ), há precedentes de ambas as turmas de direito público no sentido de que, independentemente das circunstâncias do caso (ou seja, mesmo se a atividade for realizada no ciclo de industrialização), haverá incidência do ISS:

> PROCESSUAL CIVIL. TRIBUTÁRIO. AGRAVO REGIMENTAL NO AGRAVO EM RECURSO ESPECIAL. ARGUMENTOS INSUFICIENTES PARA DESCONSTITUIR A DECISÃO ATACADA. INDUSTRIALIZAÇÃO POR ENCOMENDA. CARACTER DE PRESTAÇÃO DE SERVIÇO. INCIDÊNCIA DO ISS. SÚMULA N. 83/STJ. INCIDÊNCIA.
> I - E pacífico o entendimento no Superior Tribunal de Justiça segundo o qual, a "industrialização por encomenda" caracteriza prestação de serviço sujeita à incidência de ISS, previsto no item 14.05 da Lista Anexa à Lei Complementar n. 116/2003.
> II - O recurso especial, interposto pela alínea a e/ou pela alínea c, do inciso III, do art. 105, da Constituição da República, não merece prosperar quando o acórdão recorrido encontra-se em sintonia com a jurisprudência dessa Corte, a teor da Súmula n. 83/STJ.
> III - A Agravante não apresenta, no regimental, argumentos suficientes para desconstituir a decisão agravada.
> IV - Agravo Regimental improvido.[17]

---

[16] Para mais esclarecimentos sobre o tema, ver: REZENDE, Condorcet; BRIGAGÃO, Gustavo. Definição dos limites de competência tributária em matéria de industrialização por encomenda, à luz da LC 116/03. In: MAGALHÃES, Marcelo P.; MARTINS, Ives G. S. (Org.). *ISS LC 116/2003 à luz da doutrina e da jurisprudência*. São Paulo: MP, 2006.

[17] BRASIL. Superior Tribunal de Justiça. AgRg no AREsp nº 60.091/RS. Relatora: ministra Regina Helena Costa. Primeira Turma. Julgamento em 7 de maio de 2015. *DJe*, 18 maio 2015.

2) No âmbito do STF, em 2 de abril de 2011, ao analisar a Medida Cautelar na ADIN nº 4.389, o Plenário proferiu decisão no sentido de que o ISS não incide sobre operações de industrialização por encomenda de embalagens destinadas à integração ou utilização direta em processo subsequente de industrialização ou de circulação de mercadoria; esse posicionamento foi confirmado em precedentes recentes da Primeira Turma do Egrégio Tribunal:

> Agravo regimental no recurso extraordinário. Serviço de composição gráfica com fornecimento de mercadoria. Conflito de incidências entre o ICMS e o ISSQN. Serviços de composição gráfica e customização de embalagens meramente acessórias à mercadoria. Obrigação de dar manifestamente preponderante sobre a obrigação de fazer, o que leva à conclusão de que o ICMS deve incidir na espécie.
> 1. Em precedente da Corte consubstanciado na ADI nº 4.389/DF-MC, restou definida a incidência de ICMS "sobre operações de industrialização por encomenda de embalagens, destinadas à integração ou utilização direta em processo subsequente de industrialização ou de circulação de mercadoria".
> 2. A verificação da incidência nas hipóteses de industrialização por encomenda deve obedecer dois critérios básicos: (i) verificar se a venda opera-se a quem promoverá nova circulação do bem e (ii) caso o adquirente seja consumidor final, avaliar a preponderância entre o dar e o fazer mediante a averiguação de elementos de industrialização.
> 3. À luz dos critérios propostos, só haverá incidência do ISS nas situações em que a resposta ao primeiro item for negativa e se no segundo item o fazer preponderar sobre o dar.
> 4. A hipótese dos autos não revela a preponderância da obrigação de fazer em detrimento da obrigação de dar. Pelo contrário. A fabricação de embalagens é a atividade econômica específica

explorada pela agravante. Prepondera o fornecimento dos bens em face da composição gráfica, que se afigura meramente acessória. Não há como conceber a prevalência da customização sobre a entrega do próprio bem.
5. Agravo regimental não provido.[18]

AGRAVO REGIMENTAL NO AGRAVO REGIMENTAL NO RECURSO EXTRAORDINÁRIO. TRIBUTÁRIO. CONFLITO DE INCIDÊNCIA ENTRE O ISSQN E O IPI E ICMS. INDUSTRIALIZAÇÃO POR ENCOMENDA.
[...]
3. Na industrialização por encomenda, se o bem retorna à circulação, tal processo industrial representa apenas uma fase do ciclo produtivo da encomendante, não estando essa atividade, portanto, sujeita ao ISSQN, como é o caso dos presentes autos. Nesse sentido: AI nº 803.296/SP-AgR, Primeira Turma, de minha relatoria, DJe de 7/6/13; ADI nº 4.389/DF-MC, Relator o Ministro Joaquim Barbosa, DJe de 25/5/11.
4. Nego provimento ao agravo regimental.[19]

Citamos, ainda, breve trecho de voto proferido pelo ministro Og Fernandes, do STJ, sobre a divergência de entendimento entre os tribunais:

Registre-se que não se desconhecem recentes decisões da Primeira Turma do STF no sentido de que a incidência do ISSQN "na industrialização por encomenda" será legítima quando o produto encomendado não for destinado a nova circulação e

[18] BRASIL. Supremo Tribunal Federal. AI nº 803.296/SP – AgRg. Relator: ministro Dias Toffoli. Primeira Turma. Julgamento em 9 de abril de 2013. *DJe*, 6 jun. 2013.
[19] BRASIL. Supremo Tribunal Federal. AgRg no AgRg no RE nº 606.960/ES. Relator: ministro Dias Toffoli. Primeira Turma. Julgamento em 9 de abril de 2014. *DJe*, 12 maio 2014.

> não houver preponderância entre o dar e o fazer mediante averiguação de elementos de industrialização. Confira-se:
>
> [...]
>
> No entanto, tenho que a subsistência da orientação jurisprudencial firmada por esta Corte Superior ainda é medida que se impõe, seja por questões técnicas, seja em razão da inexistência de orientação vinculante do Supremo Tribunal Federal.[20]

No campo das transferências constitucionais intergovernamentais, o IPI representa papel relevante, não somente no orçamento público da União, como também no dos estados, do Distrito Federal e dos municípios, pois o montante arrecadado é partilhado entre os diversos entes federados, na forma do art. 159, I e II, da CRFB/1988.

A partilha tributária do produto da arrecadação entre os entes federados pode se dar de forma indireta – por intermédio dos fundos de participação – ou diretamente – pela entrega ou apropriação por transferência orçamentária dos recursos –, e os critérios para a efetivação dessa repartição de receitas estão disciplinados pelos arts. 157 a 162 da CRFB/1988.

Independentemente do tipo de transferência de recursos originados de ingressos tributários, o mecanismo de repartição sempre ocorre do governo de maior nível para os de menor nível, ou seja, da União para estados, da União para municípios ou de estados para municípios.

Da análise dos comandos normativos constitucionais relevantes, é possível depreender que as repartições de receita que se dão de forma indireta são promovidas por meio de quatro tipos de fundos específicos, quais sejam: o Fundo de Compen-

---

[20] BRASIL. Superior Tribunal de Justiça. AgRg no Resp nº 1.323.284/RS. Relator: ministro Og Fernandes. Segunda Turma. Julgamento em 18 de agosto de 2014. *DJe*, 28 ago. 2014.

sação de Exportações (art. 159, II, da CRFB/1988); o Fundo de Participação dos Estados e do Distrito Federal (art. 159, I, "a", da CRFB/1988); o Fundo de Participação dos Municípios (art. 159, I, "b", da CRFB/1988); e o Fundo Regional (art. 159, I, "c", da CRFB/1988).

O Fundo de Compensação de Exportações (FPEx) é constituído por 10% da arrecadação total do IPI, e sua distribuição é proporcional ao valor das exportações de produtos industrializados, sendo limitada a participação individual a 20% do total do fundo.

O Fundo de Participação dos Estados e do Distrito Federal (FPE) é formado por 21,5% da arrecadação do IPI e do IR, sendo sua distribuição realizada de acordo com a população e a superfície, e inversamente proporcional à renda *per capita* da unidade federativa.

O Fundo de Participação dos Municípios (FPM), por sua vez, é constituído por aproximadamente 24,5%[21] da arrecadação do IPI e do IR.

Finalmente, o Fundo Regional, destinado ao financiamento de projetos nas regiões Norte, Nordeste e Centro-Oeste é constituído por 3% da arrecadação total do IPI e do IR.

Em virtude da sua característica de tributo seletivo, as alíquotas do IPI são as mais diversas, de forma a garantir a efetividade da previsão constitucional contida no art. 153, § 3º, I, da CRFB/1988, possibilitando, assim, que se tribute mais gravosamente o produto menos essencial para a comunidade e mais suavemente aquele considerado de natureza essencial.[22]

Merecem destaque, portanto, as seguintes particularidades relativas ao IPI:

---

[21] Em 2 de dezembro de 2014, foi promulgada a EC nº 84, que ampliou em 1% o repasse do IPI e do IR destinados ao Fundo de Participação dos Municípios. Nos termos do art. 2º da referida EC, o aumento do repasse será feito de forma gradual até 2016.

[22] ROSA JUNIOR, Luiz Emygdio F. da. *Manual de direito financeiro e direito tributário*, 2005, op. cit., p. 902-903.

1) está inserido no campo de competência privativa da União (art. 153, IV, da CRFB/1988);
2) apresenta funções fiscal e extrafiscal (art. 153, § 3º, I, da CRFB/1988);
3) é um imposto real, porquanto a capacidade contributiva resta prejudicada em razão da seletividade, bem como se caracteriza como tributo indireto;
4) está sujeito ao princípio da não cumulatividade, de acordo com o qual, a cada operação, é possível compensar-se o *quantum debeatur* com o montante cobrado nas operações anteriores (art. 153, § 3º, II, da CRFB/1988);
5) é um imposto de incidência plurifásica, porque incide em cada etapa de produção e circulação de riqueza;
6) não incide sobre os produtos industrializados destinados ao mercado externo (art. 153, § 3º, III, da CRFB/1988);
7) seu lançamento se dá por homologação (art. 150 do CTN);
8) por integrar permanentemente o sistema tributário nacional, é um imposto ordinário;
9) pertence à categoria econômica de imposto sobre a produção e circulação (art. 46 e segs. do CTN);
10) o produto de sua arrecadação integra o montante destinado às transferências intergovernamentais aos entes subnacionais, consoante o art. 159 da CRFB/1988;
11) dispõe de alíquotas extremamente diferenciadas em virtude do princípio da seletividade. Essas alíquotas são fixadas pelo Poder Executivo (art. 153, § 1º, da CRFB/1988).

Fatos geradores

De acordo com o art. 46 do CTN, o IPI possui três fatos geradores distintos:

1) o desembaraço aduaneiro do produto industrializado de origem estrangeira;

2) a saída dos referidos produtos dos estabelecimentos industriais ou comerciais;
3) a arrematação em leilão de produto apreendido ou abandonado.

A previsão contida no item 3 acima foi inserida no CTN, pois, à época de sua edição, bens importados sem o recolhimento dos impostos aduaneiros seriam encaminhados automaticamente para leilão, sendo necessário o recolhimento do IPI por ocasião da arrematação.

Contudo, com a alteração dos procedimentos aplicáveis no caso de não pagamento dos impostos devidos na importação (atualmente, mesmo que venha a ser feito leilão, os bens passam previamente para o patrimônio da União), essa previsão se tornou desnecessária, tendo sido expressamente afastada pelo Parecer Normativo (PN) da Coordenação do Sistema de Tributação (CST) nº 63, de 12 de setembro de 1979, e pelo Ato Declaratório Normativo (ADN) CST nº 10, de 23 de setembro de 1981.

A Lei nº 4.502/1964, ao reproduzir a previsão dos fatos geradores acima apresentados, determina que quando a industrialização se der no próprio local de consumo ou de utilização do produto, fora de estabelecimento produtor, o fato gerador será considerado ocorrido no momento em que ficar concluída a operação industrial.

De acordo com o parágrafo único do art. 46 do CTN, o conceito de "processo de industrialização" engloba qualquer atividade, ainda que incompleta, parcial ou intermediária, que provoque no produto a modificação de sua natureza, a alteração da sua finalidade ou seu aperfeiçoamento para o consumo.

O processo utilizado para fins de obtenção do produto assim como a localização e as condições das instalações ou equipamentos empregados são irrelevantes para a caracterização do processo de industrialização. Dessa forma, mesmo que estejamos diante de atividades de natureza rudimentar, praticadas em ambientes simples, restará configurado o processo de industrialização.

No processo de industrialização são utilizados matérias-primas, produtos intermediários, produtos secundários e embalagens, conforme as definições apresentadas a seguir:

1) *matérias-primas*: substâncias utilizadas na fabricação de outras, sendo aquelas partes integrantes destas, por exemplo, o minério de ferro na siderurgia;
2) *produtos intermediários*: provenientes de indústria própria, ou de outrem, que compõem ou integram a estrutura físico-química do produto (ex.: pneus em relação aos automóveis);
3) *produtos secundários*: são inteiramente consumidos na fabricação do produto e, portanto, deixam de integrá-lo fisicamente (ex.: calcário utilizado na siderurgia para extração de impurezas do minério de ferro e depois desperdiçado);
4) *embalagens*: caracterizam-se por invólucros utilizados no acondicionamento e apresentação do produto para o consumo.

As modalidades de industrialização, por sua vez, estão previstas no art. 4º do Ripi/2010:

1) *transformação*: operação exercida sobre matérias-primas ou produtos intermediários, que "importe na obtenção de espécie nova", por exemplo, construção de uma mesa (art. 4º, I, do Ripi/2010);
2) *beneficiamento*: operação que importe em modificação, aperfeiçoamento ou, de qualquer forma, altere o "funcionamento, a utilização, o acabamento ou a aparência do produto". Ex.: transformação de veículo de cabine simples para cabine dupla[23] (art. 4º, II, do Ripi/2010);

[23] BRASIL. Superior Tribunal de Justiça. REsp nº 136.398/RS. Primeira Turma. Relator: ministro Demócrito Reinaldo. Julgamento em 20 de novembro de 1997. *DJ*, 15 dez. 1997.

3) *montagem*: operação que "consista na reunião de produtos, peças ou partes e de que resulte um novo produto ou unidade autônoma, ainda que sob a mesma classificação fiscal". Ex.: montagem de um computador (art. 4º, III, do Ripi/2010);
4) *acondicionamento ou reacondicionamento*: a operação que importe em alteração na "apresentação do produto, pela colocação da embalagem, ainda que em substituição da original, salvo quando a referida embalagem colocada se destine apenas ao transporte da mercadoria", por exemplo, engarrafamento de cerveja (art. 4º, IV, do Ripi/2010);
5) *renovação ou recondicionamento*: operação que, "exercida sobre produto usado ou parte remanescente de produto deteriorado ou inutilizado", o renove ou restaure com vistas a sua utilização (art. 4º, V, do Ripi/2010).

Cabe mencionar que, recentemente, houve intenso debate sobre a possibilidade de cobrança do IPI em razão da saída de produto importado do estabelecimento importador, mesmo nos casos em que nenhuma industrialização fosse realizada.

De fato, em 11 de junho de 2014, a Primeira Seção do STJ chegou a proferir decisão no sentido de que a referida cobrança seria ilegal, nos seguintes termos:

> TRIBUTÁRIO. IMPOSTO SOBRE PRODUTOS INDUSTRIALIZADOS. SAÍDA DO ESTABELECIMENTO IMPORTADOR. A norma do parágrafo único constitui a essência do fato gerador do imposto sobre produtos industrializados. A teor dela, o tributo não incide sobre o acréscimo embutido em cada um dos estágios da circulação de produtos industrializados. Recai apenas sobre o montante que, na operação tributada, tenha resultado da industrialização, assim considerada qualquer operação que importe na alteração da natureza, funcionamento, utilização, acabamento ou apresentação do produto, ressalvadas

> as exceções legais. De outro modo, coincidiriam os fatos geradores do imposto sobre produtos industrializados e do imposto sobre circulação de mercadorias.
> Consequentemente, os incisos I e II do *caput* são excludentes, salvo se, entre o desembaraço aduaneiro e a saída do estabelecimento do importador, o produto tiver sido objeto de uma das formas de industrialização.
> Embargos de divergência conhecidos e providos.[24]

Contudo, pouco mais de um ano depois, a Primeira Seção reverteu o posicionamento acima, passando a entender que a referida cobrança seria válida. Nesse sentido, citamos o EREsp nº 1.403.532/SC, julgado sob o rito dos recursos repetitivos:

> EMBARGOS DE DIVERGÊNCIA EM RECURSO ESPECIAL. DIREITO TRIBUTÁRIO. RECURSO REPRESENTATIVO DA CONTROVÉRSIA. ART. 543-C, DO CPC. IMPOSTO SOBRE PRODUTOS INDUSTRIALIZADOS – IPI. FATO GERADOR. INCIDÊNCIA SOBRE OS IMPORTADORES NA REVENDA DE PRODUTOS DE PROCEDÊNCIA ESTRANGEIRA. FATO GERADOR AUTORIZADO PELO ART. 46, II, C/C 51, PARÁGRAFO ÚNICO DO CTN. SUJEIÇÃO PASSIVA AUTORIZADA PELO ART. 51, II, DO CTN, C/C ART. 4º, I, DA LEI N. 4.502/64. PREVISÃO NOS ARTS. 9, I E 35, II, DO RIPI/2010 (DECRETO N. 7.212/2010).
> 1. Seja pela combinação dos artigos 46, II e 51, parágrafo único do CTN – que compõem o fato gerador, seja pela combinação do art. 51, II, do CTN, art. 4º, I, da Lei n. 4.502/64, art. 79, da Medida Provisória n. 2.158-35/2001 e art. 13, da Lei n.

[24] BRASIL. Superior Tribunal de Justiça. EREsp nº 1.393.102/SC. Relator: ministro Sérgio Kukina. Relator para acórdão: ministro Ari Pargendler. Primeira Seção. Julgamento em 11 de junho de 2014. *DJe*, 18 dez. 2014.

11.281/2006 – que definem a sujeição passiva, nenhum deles até então afastados por inconstitucionalidade, os produtos importados estão sujeitos a uma nova incidência do IPI quando de sua saída do estabelecimento importador na operação de revenda, mesmo que não tenham sofrido industrialização no Brasil.

2. Não há qualquer ilegalidade na incidência do IPI na saída dos produtos de procedência estrangeira do estabelecimento do importador, já que equiparado a industrial pelo art. 4º, I, da Lei n. 4.502/64, com a permissão dada pelo art. 51, II, do CTN.

3. Interpretação que não ocasiona a ocorrência de *bis in idem*, dupla tributação ou bitributação, porque a lei elenca dois fatos geradores distintos, o desembaraço aduaneiro proveniente da operação de compra de produto industrializado do exterior e a saída do produto industrializado do estabelecimento importador equiparado a estabelecimento produtor, isto é, a primeira tributação recai sobre o preço de compra no qual está embutida a margem de lucro da empresa estrangeira e a segunda tributação recai sobre o preço da venda, em que já está embutida a margem de lucro da empresa brasileira importadora. Além disso, não onera a cadeia além do razoável, pois o importador na primeira operação apenas acumula a condição de contribuinte de fato e de direito em razão da territorialidade, já que o estabelecimento industrial produtor estrangeiro não pode ser eleito pela lei nacional brasileira como contribuinte de direito do IPI (os limites da soberania tributária o impedem), sendo que a empresa importadora nacional brasileira acumula o crédito do imposto pago no desembaraço aduaneiro para ser utilizado como abatimento do imposto a ser pago na saída do produto como contribuinte de direito (não cumulatividade), mantendo-se a tributação apenas sobre o valor agregado.

4. Precedentes: REsp. n. 1.386.686-SC, Segunda Turma, Rel. Min. Mauro Campbell Marques, julgado em 17.09.2013; e REsp. n. 1.385.952-SC, Segunda Turma, Rel. Min. Mauro Campbell

> Marques, julgado em 03.09.2013. Superado o entendimento contrário veiculado nos EREsp nº 1.411749-PR, Primeira Seção, Rel. Min. Sérgio Kukina, Rel. p/acórdão Min. Ari Pargendler, julgado em 11.06.2014; e no REsp. n. 841.269 - BA, Primeira Turma, Rel. Min. Francisco Falcão, julgado em 28.11.2006.
> 5. Tese julgada para efeito do art. 543-C, do CPC: "os produtos importados estão sujeitos a uma nova incidência do IPI quando de sua saída do estabelecimento importador na operação de revenda, mesmo que não tenham sofrido industrialização no Brasil".
> 6. Embargos de divergência em Recurso especial não providos. Acórdão submetido ao regime do art. 543-C do CPC e da Resolução STJ 08/2008.[25]

Outra questão já analisada pelo STJ refere-se à importação por contribuinte não habitual do IPI. Para as pessoas físicas, a importação de veículo para uso próprio foi o grande *leading case*, cujo desfecho ocorreu em 25 de fevereiro de 2015, no bojo no REsp nº 1.396.488/SC,[26] em sede de Recurso Repetitivo.

Conforme o relator, ministro Humberto Martins, "o fato gerador da incidência do Imposto sobre Produtos Industrializados é o exercício de atividade mercantil ou assemelhada, quadro no qual não se encaixa o consumidor final, que importa o veículo para uso próprio e não pra fins comerciais".

Além disso, foi invocado o princípio da não cumulatividade para afastar a incidência de IPI na importação de veículo automotor por pessoa física para uso próprio.

Entendeu o Superior Tribunal de Justiça que, nos termos do art. 49 do CTN, o valor pago na operação imediatamente ante-

[25] BRASIL. Superior Tribunal de Justiça. EREsp nº 1.403.532/SC. Relator: ministro Napoleão Nunes Maia Filho. Primeira Seção. Julgamento em 14 de outubro de 2015. *DJe*, 18 dez. 2015.

[26] BRASIL. Superior Tribunal de Justiça. REsp nº 1.396.488/SC. Relator: ministro Humberto Martins. Primeira Seção. Julgamento em 25 de fevereiro de 2015. *DJe*, 17 mar. 2015.

rior deve ser abatido em operação posterior. Assim, o princípio da não cumulatividade restaria violado pela impossibilidade de compensação posterior, já que o particular não é contribuinte usual do IPI.

A tese da não incidência de IPI para consumidor não habitual pessoa física ainda será analisada pelo Supremo Tribunal Federal, no RE nº 732.651/RS, no qual foi reconhecida a repercussão geral da matéria.

Sujeitos passivos

A definição do rol de contribuintes do IPI está contida no art. 51 do CTN, que identifica como sujeitos passivos:

> I - o importador ou quem a lei a ele equiparar;
> II - o industrial ou quem a lei a ele equiparar;[27]
> III - o comerciante de produtos sujeitos ao imposto, que os forneça aos contribuintes definidos no inciso anterior;
> IV - o arrematante de produtos apreendidos ou abandonados, levados a leilão.

Merece destaque, igualmente, o fato de que, por força do art. 128 do CTN, só poderão ser equiparados a industrial ou importador os terceiros que tenham alguma relação com o fato gerador do imposto.

---

[27] Como dito, a possibilidade de incidência do IPI sobre arrematação, em leilão, de produto apreendido ou abandonado foi inserida no CTN, pois, à época de sua edição, bens importados sem o recolhimento dos impostos aduaneiros seriam encaminhados automaticamente para leilão, sendo necessário o recolhimento do IPI por ocasião da arrematação. Contudo, com a alteração dos procedimentos aplicáveis no caso de não pagamento dos impostos devidos na importação (atualmente, mesmo que venha a ser feito leilão, os bens passam previamente para o patrimônio da União), tal previsão se tornou desnecessária, tendo sido expressamente afastada pelo PN CST nº 63, de 12 de setembro de 1979, e pelo ADN CST nº 10, de 23 de setembro de 1981.

Em relação à previsão contida no parágrafo único do art. 51 do CTN, que estabelece que será considerado "contribuinte autônomo qualquer estabelecimento de importador, industrial, comerciante ou arrematante", citamos breve lição de Rosa Junior:

> Estabelecimento não é contribuinte, sendo apenas "todo complexo de bens organizado, para exercício da empresa, por empresário, ou por sociedade empresária" (CCB de 2002, art. 1.142) e é despido de personalidade jurídica. Assim, deve-se entender o dispositivo no sentido de que o contribuinte do IPI deve apurar o valor do imposto em relação a cada estabelecimento onde tenha ocorrido o fato gerador, para facilitar a fiscalização pela autoridade fiscal. Não pode dar outra interpretação porque se o imposto não é pago, a execução fiscal é movida em face da pessoa jurídica (contribuinte) e não contra o estabelecimento.[28]

Hugo de Brito Machado afirma que, não obstante a circunstância de que o estabelecimento seja, em verdade, um objeto e não propriamente um sujeito de direitos, para os fins específicos do IPI, ele assume contornos próprios, tendo em vista que,

> por ficção legal, cada estabelecimento se considera um contribuinte autônomo. Trata-se de solução prática, pois em muitos casos a empresa possui mais de um estabelecimento, e algumas vezes até estabelecimentos destinados ao exercício de atividades diversas. [...] Essa autonomia dos estabelecimentos só prevalece para o fim de verificação da ocorrência do fato gerador do imposto. A responsabilidade pelo pagamento deste, todavia, é da empresa.[29]

---

[28] ROSA JUNIOR, Luiz Emygdio F. da. *Manual de direito financeiro e direito tributário*, 2005, op. cit., p. 906.
[29] MACHADO, Hugo de Brito. *Curso de direito tributário*, 2004, op. cit., p. 328.

No que se refere à autonomia dos estabelecimentos conferida pelo parágrafo único do art. 51 do CTN, cabe mencionar que há previsão de incidência do IPI na saída de produtos industrializados de um estabelecimento para o outro, ainda que pertencente ao mesmo titular.

Contudo, há aqueles que sustentam que, se não há saída econômica, ou seja, circulação jurídica do bem, não poderá haver incidência do IPI, uma vez que a saída meramente física seria irrelevante para fins de direito tributário. Sobre o tema, citamos as lições de Hugo de Brito Machado:

> Ocorre que o significado da expressão *saída do produto do estabelecimento* deve ser buscado tendo-se em vista não a saída como fato isolado, mas a saída como um fato que se liga a uma causa geralmente presente no mundo dos negócios, pois se trata de uma situação típica da atividade empresarial. E tanto é certo que não se trata, no caso, de saída como simples ocorrência física que a própria legislação desse imposto deixou explícito que não constitui fato gerador da obrigação tributária a saída de produtos por *motivo de mudança de endereço do estabelecimento.*
>
> No caso, temos de considerar que o Código Tributário Nacional, estabelecendo os contornos do âmbito constitucional do imposto em questão, diz que no caso em que seja seu fato gerador a saída do produto do estabelecimento industrial, sua base de cálculo é o *valor da operação de que decorrer a saída da mercadoria.* Não há dúvida, portanto, de que o fato gerador do Imposto sobre Produtos Industrializados não é a saída física simplesmente. É uma saída de produto industrializado na condição de mercadoria, isto é, que seja objeto de operação mercantil e que esteja ocorrendo em decorrência de uma operação mercantil, cujo valor servirá de base para o cálculo do imposto.[30]

---

[30] MACHADO, Hugo de Brito. O IPI e o roubo de produtos industrializados. *Revista Dialética de Direito Tributário*, Brasília, n. 179, p. 69, 2010, grifos no original.

Não obstante a discussão acima, cabe mencionar que o Ripi/2010 prevê regra de suspensão do imposto nas remessas entre estabelecimentos da mesma empresa, como segue:

> Art. 43. Poderão sair com suspensão do imposto:
>
> [...]
>
> X - os produtos remetidos, para industrialização ou comércio, de um estabelecimento industrial ou equiparado a industrial para outro da mesma firma;

Bases de cálculo

A CRFB/1988, por meio de seu art. 155, § 2º, XI, estabelece, unicamente, critérios para que o montante do IPI integre ou não a base de cálculo do ICMS, remanescendo silente quanto à composição da base de cálculo do imposto em exame.

O art. 4º, III, do Decreto-Lei nº 1.199/1971 atribuía ao Poder Executivo, em relação ao IPI, a possibilidade de promover a alteração da base de cálculo quanto a determinados produtos, fixando-lhes, inclusive, valor tributável mínimo.

Contudo, a previsão normativa mencionada no parágrafo anterior não foi recepcionada pela CRFB/1988. De fato, como já mencionado, o art. 153, § 1º, da Carta da República permite, apenas, que o Poder Executivo altere as alíquotas do imposto em tela.

Destarte, consoante o disposto no art. 47, I a III, do CTN, a base de cálculo do IPI é diferenciada em função da hipótese de incidência de que se cogita e, nesse viés, tem-se:

1) Tratando-se de produto industrializado de procedência estrangeira, a base de cálculo será seu preço normal, na forma do art. 20, II, do CTN,[31] acrescido do montante do imposto

[31] Conforme o inciso II do art. 20 do CTN, cuidando-se de alíquota *ad valorem*, para fins de apuração da base de cálculo, o preço normal traduz-se pelo valor que o produto, ou

de importação (II), das taxas exigidas para a entrada no país e dos encargos cambiais efetivamente pagos pelo importador ou dele exigíveis. Assim, nesse caso (valor aduaneiro), a base de cálculo do IPI pode ser representada da seguinte forma:

Base de cálculo do IPI = Base de cálculo do II + II + taxas + encargos

2) Tratando-se de produtos industrializados nacionais, originários dos estabelecimentos a que se refere o parágrafo único do art. 51 do CTN,[32] a base de cálculo do IPI será representada pelo valor da operação de que decorrer a saída da mercadoria, ou, na falta dele, pelo preço corrente da mercadoria, ou sua similar, no mercado atacadista da praça do remetente. Assim, nessa hipótese (valor de saída), a base de cálculo do IPI deverá ter a seguinte composição:

Base de cálculo do IPI = Valor da efetiva operação
ou
Preço corrente da mercadoria

Nos termos do art. 189 do Ripi/2010 (em consonância com o que preceitua o art. 13 da Lei nº 4.502/1964), o referido imposto será calculado mediante a aplicação das alíquotas constantes da Tipi sobre as bases de cálculo acima descritas.

Alíquotas

O princípio da seletividade aplicável ao IPI impõe o estabelecimento de alíquotas diferenciadas em relação a cada pro-

seu similar, alcançaria ao tempo da importação, em uma venda em condições de livre concorrência, para entrega no porto ou lugar da entrada do produto no país.

[32] O parágrafo único do art. 51 do CTN dispõe que, para fins de apuração do IPI, "considera-se contribuinte autônomo qualquer estabelecimento de importador, industrial, comerciante ou arrematante".

duto em função de sua essencialidade para o interesse coletivo, cabendo ao Poder Executivo alterar as referidas alíquotas nas condições e limites estabelecidos em lei,[33] podendo, inclusive, reduzir a zero a alíquota relativa a certos produtos.[34]

Tomando-se por norte os ensinamentos de Hugo de Brito Machado,[35] tem-se que a alíquota zero traduz uma solução vislumbrada pelas autoridades fazendárias para conferir a exclusão temporária do ônus do tributo sobre determinados produtos sem, contudo, isentá-los:

> Embora o efeito prático da redução de uma alíquota a zero seja o mesmo da isenção, as duas figuras não se confundem. São juridicamente bem distintas. Alíquota zero, aliás, não passa de simples eufemismo. Simples forma de burlar a lei. Alíquota é expressão matemática que indica o número de vezes que a parte está contida no todo; logo, jamais pode ser zero.

Por fim, cumpre consignar que a definição das alíquotas do IPI está contida na Tipi, aprovada pelo Decreto nº 7.212/2010, e suas alterações posteriores – legislação disponível no sítio eletrônico da Receita Federal do Brasil (RFB).

Princípios

Princípio da não cumulatividade

De acordo com Ricardo Lobo Torres:[36]

---

[33] Ver art. 4º do Decreto-Lei nº 1.199/1971, que autoriza o Poder Executivo, quando se torne necessário atingir os objetivos da política econômica governamental, mantida a seletividade em função da essencialidade do produto, ou, ainda, para corrigir distorções, a reduzir alíquotas até zero ou majorá-las, acrescentando até 30 (trinta) unidades ao percentual de incidência fixado na lei.

[34] ROSA JUNIOR, Luiz Emygdio F. da. *Manual de direito financeiro e direito tributário*, 2005, op. cit., p. 903.

[35] MACHADO, Hugo de Brito. *Curso de direito tributário*, 2004, op. cit., p. 319.

[36] TORRES, Ricardo Lobo. *Tratado de direito tributário brasileiro*, 1986, op. cit., p. 297.

> Do ponto de vista econômico, [o princípio da não cumulatividade] significa que o imposto incide sobre o valor acrescido em cada operação de circulação, de modo que a incidência global é idêntica à multiplicação da alíquota pela base de cálculo final. [...] O importante, no princípio da não cumulatividade, é evitar a incidência em cascata ou a pluri-incidência, já que o tributo, embora plurifásico, incide uma única vez.

Em relação ao IPI, o princípio da não cumulatividade está previsto no art. 153, § 3º, II, da CRFB/1988, e tal mecanismo consiste na autorização para que o contribuinte do imposto se credite do valor pago nas operações anteriores, a ser compensado com o valor devido na operação por ele praticada.

Dessa forma, é efetuada a compensação numa conta-corrente de créditos e débitos, em que os primeiros são os valores recolhidos pelos elos anteriores da cadeia e suportados economicamente pelo contribuinte. Os últimos são os valores incidentes na operação por ele praticada, constituindo, portanto, elementos da conta-corrente:

1) *créditos*: a carga tributária incidente sobre o produto adquirido pelo contribuinte do IPI que já foi recolhida pelos elos anteriores da cadeia, mas cuja repercussão econômica sobre ele recaiu;
2) *débitos*: a tributação incidente sobre a operação em questão, calculada pela aplicação da alíquota do imposto sobre sua base de cálculo;
3) *saldo*: resultado positivo ou negativo da conta.

Se houver saldo devedor, o contribuinte irá recolher a diferença ao final do período de apuração. Caso contrário, existindo saldo credor, o contribuinte pode aproveitar esses créditos no período de apuração seguinte (art. 49 do CTN). Com isso, cada contribuinte irá recolher, em tese, o IPI incidente sobre o valor que agrega ao produto.

Por fim, cabe mencionar que, conforme jurisprudência do Supremo Tribunal Federal[37] e do Superior Tribunal de Justiça,[38] não é permitida a atualização monetária de crédito extemporâneo, salvo se a Fazenda Pública provocou o atraso no registro ou utilização dos créditos. De acordo com alguns doutrinadores, essa ausência de atualização monetária desfigura a conta-corrente de créditos e débitos, violando o princípio da não cumulatividade.

Princípio da seletividade

O princípio da seletividade, que no caso do IPI é de observância obrigatória pelo legislador ordinário,[39] significa que

---

[37] BRASIL. Supremo Tribunal Federal. RE nº 351.754-AgR/RS. Segunda Turma. Relator: ministro Carlos Velloso. Julgamento em 14 de junho de 2005. *DJ*, 5 ago. 2005.

[38] BRASIL. Superior Tribunal de Justiça. EAg nº 1.220.942/SP. Relator: ministro Mauro Campbell Marques, Primeira Seção. Julgamento em 10 de abril de 2013. *DJe*, 18 abr. 2013.

[39] "Se por um lado, o Poder Executivo, autorizado pelo artigo 4º do Decreto-lei nº 1.199/1971 e com esteio no art. 153, § 1º, da CRFB, pode alterar a alíquota do IPI, certo é que na margem de ação que lhe é concedida não pode, jamais, olvidar a vinculação das alíquotas à essencialidade do produto, lógica esta que não será invertida. A verificação do respeito ou não a tal técnica de tributação tem de se dar através do manuseio da Tabela de Incidência do Imposto sobre Produtos Industrializados, na qual é possível comparar as alíquotas atribuídas a cada produto. Ser seletivo implica ter alíquotas diferenciadas dependendo do produto (individualmente considerado) ou do tipo do produto (se alimentício, de higiene, têxtil etc.), sendo que o critério para tal seletividade é dado pelo próprio constituinte: o grau de essencialidade do produto" (PAULSEN, Leandro; MELO, José Eduardo S. *Impostos federais, estaduais e municipais*. 3. ed. Porto Alegre: Livraria do Advogado, 2007. p. 81). Sobre o tema, ver, ainda, a seguinte decisão do STJ: "7. A Constituição Federal dispõe que o ICMS 'poderá ser seletivo, em função da essencialidade das mercadorias e dos serviços' (art. 155, § 2º, III). Diferentemente, no caso do IPI a CF determina que 'será seletivo, em função da essencialidade do produto' (art. 153, § 3º, I, da CF). 8. Não há dúvida de que o legislador estadual não pode simplesmente desconsiderar a norma prevista no art. 155, § 2º, III, da CF, por conta da potestatividade inerente à expressão 'poderá ser seletivo'. No entanto, há que reconhecer que é determinação que dá ao legislador margem mais ampla de decisão que a expressão 'deverá ser seletivo', reservada apenas ao IPI" (BRASIL. Superior Tribunal de Justiça.

produtos mais essenciais para o consumo da população (como os gêneros de primeira necessidade) terão alíquotas mais baixas, enquanto os bens de consumo supérfluos ou nocivos, como bebidas alcoólicas, cigarros e armas, terão suas alíquotas estabelecidas em patamar mais elevado.

Ricardo Lobo Torres esclarece que

> o IPI se subordina ao princípio da seletividade, que é um dos subprincípios da capacidade contributiva, a significar que o tributo deve incidir progressivamente na razão inversa da essencialidade dos produtos: quanto menor a utilidade do produto tanto maior deverá ser a alíquota e vice-versa.[40]

Rosa Junior[41] consigna, igualmente, que a seletividade confere ao IPI fim extrafiscal, servindo ao Estado como instrumento de intervenção no domínio econômico e, inclusive, resulta indiretamente da observância do princípio da capacidade contributiva.

Justamente em função da função extrafiscal tratada acima:

1) nos termos do art. 153, § 1º, da CRFB/1988, as alíquotas do IPI podem ser modificadas diretamente pelo Poder Executivo,[42] sem que isso represente violação ao princípio da legalidade;
2) nos termos do art. 150, § 1º, da CRFB/1988, o IPI não está submetido ao princípio da anterioridade.

RMS nº 28.227/GO. Relator: ministro Herman Benjamin. Segunda Turma. Julgamento em 24 de março de 2009. *DJe*, 20 abr. 2009).

[40] TORRES, Ricardo Lobo. *Curso de direito financeiro e tributário*, 2002, op. cit., p. 340-341.

[41] ROSA JUNIOR, Luiz Emygdio F. da. *Manual de direito financeiro e direito tributário*, 2005, op. cit., p. 892.

[42] Ibid., p. 897. Sobre o tema exceções ao princípio da legalidade, ver, igualmente: AMARO, Luciano. *Direito tributário brasileiro*, 2003, op. cit., p. 117.

Em relação ao item 2, esclarecemos que, com a edição da Emenda Constitucional (EC) nº 42/2003, o IPI passou a estar sujeito ao princípio da anterioridade nonagesimal, previsto na atual alínea "c" do inciso III do art. 150 da CRFB/1988. Dessa forma, na hipótese de majoração do tributo, as novas bases de incidência só poderão ser exigidas depois de decorridos 90 dias da data em que tenha sido publicada a norma que a aumentou.

Isenções e imunidades

Como mencionado, a CRFB/1988 confere, por meio de seu art. 153, § 3º, III, imunidade aos produtos industrializados destinados ao exterior.

Por intermédio da EC nº 42/2003, o constituinte derivado, com o intuito de incentivar a indústria brasileira, acrescentou o inciso IV ao § 3º do art. 153 da CRFB/1988, estabelecendo que o IPI terá reduzido seu impacto sobre a aquisição de bens de capital pelo contribuinte do imposto, na forma da lei. Cumpre assinalar que, em princípio, não se trata de imunidade, haja vista que a referida norma é de eficácia contida.[43]

De acordo com o art. 18 do Ripi/2010, são imunes à incidência do imposto:

> I - os livros, jornais, periódicos e o papel destinado à sua impressão;[44]

[43] Cabe mencionar que, após a aprovação da EC nº 42/2003, foram editadas normas específicas reduzindo a cobrança do IPI na aquisição de bens de capital para setores específicos. A título ilustrativo, citamos a Lei nº 11.196/2005, que reduziu em 50% o IPI incidente sobre a aquisição de máquinas, equipamentos, aparelhos e instrumentos destinados à pesquisa e ao desenvolvimento tecnológico, desde que atendidos certos requisitos.

[44] Na forma do art. 150, II, "d", da CRFB/1988.

II - os produtos industrializados destinados ao exterior;[45]

III - o ouro, quando definido em lei como ativo financeiro ou instrumento cambial;[46] e

IV - a energia elétrica, derivados de petróleo, combustíveis e minerais do País.[47]

Em relação aos casos de isenção do IPI, uma questão polêmica se refere à existência de crédito na aquisição de bens sujeitos a regra de isenção, não incidência ou alíquota zero.

No regime constitucional anterior à EC nº 23/1983, era pacífica a jurisprudência do STF no sentido de que, quando houvesse uma isenção ou não incidência pontual em uma das operações da cadeia multifásica, tal operação gerava direito do contribuinte ao crédito presumido do ICM e do IPI. Isso para que os isentos não tivessem de suportar a carga tributária relativa às operações anteriores à isenção ou não incidência.

Ocorre que, com a referida emenda constitucional, bem como com a disciplina estabelecida pelo art. 155, § 2º, II, da CRFB/1988, relativas respectivamente ao ICM e ao ICMS, as operações isentas e objeto de não incidência passaram a não mais gerar créditos (havendo, inclusive, determinação de que fossem anulados os créditos que viessem a ser apurados), salvo disposição legal em contrário. Contudo, tal ressalva não se aplica ao IPI, não havendo, em princípio, qualquer fundamento para a negativa de crédito em relação a tal imposto.

Foi esse o posicionamento inicialmente adotado pelo STF, no julgamento do RE nº 212.484/RS,[48] de que foi relator para

[45] Em consonância com o já mencionado art. 153, § 3º, III, da CRFB/1988.

[46] De acordo com o art. 153, § 5º, da CRFB/1988.

[47] Conforme o art. 155, § 3º, da CRFB/1988.

[48] BRASIL. Supremo Tribunal Federal. RE nº 212.484/RS. Relator: ministro Ilmar Galvão (vencido). Relator p/ acórdão: ministro Nelson Jobim. Tribunal Pleno. Julgamento em 5 de março de 1998, *DJ*, 27 nov. 1998.

acórdão o ministro Nelson Jobim, no qual se determinou que "não ocorre ofensa à CF (art. 153, § 3º, II) quando o contribuinte do IPI credita-se do valor do tributo incidente sobre insumos adquiridos sob o regime de isenção".

Poucos anos depois do julgamento referido acima, o STF, em sessão plenária, esclareceu que o entendimento que autorizava o crédito decorrente da aquisição de insumos isentos e não tributados seria igualmente aplicável aos casos de alíquota zero, uma vez que, "se o contribuinte de IPI pode creditar o valor dos insumos adquiridos sob regime de isenção, inexiste razão para deixar de reconhecer-lhe o mesmo direito na aquisição de insumos favorecidos pela alíquota zero".

Contudo, em 25 de junho de 2007, o Pretório Excelso alterou seu entendimento anterior, decidindo pela impossibilidade de compensação de créditos de IPI relativos à aquisição de matéria-prima não tributada ou sujeita à alíquota zero (RE nº 353.657/PR[49] e RE nº 370.682/SC).[50] Para melhor compreensão do posicionamento adotado pelo STF, vale transcrever parte do Informativo STF nº 456:

> Por maioria, deu-se provimento aos recursos, por se entender que a admissão do creditamento implica ofensa ao inciso II do § 3º do art. 153 da CF. Asseverou-se que a não cumulatividade pressupõe, salvo previsão contrária da própria Constituição Federal, tributo devido e recolhido anteriormente e que, na hipótese de não tributação ou de alíquota zero, não existe parâmetro normativo para se definir a quantia a ser compensada. Ressaltou-se que tomar de empréstimo a alíquota final relativa

[49] BRASIL. Supremo Tribunal Federal. RE nº 353.657/PR. Relator: ministro Marco Aurélio. Tribunal Pleno. Julgamento em 25 de junho de 2007. *DJ*, 29 jun. 2007.
[50] BRASIL. Supremo Tribunal Federal. RE nº 370.682/SC. Relator: ministro Ilmar Galvão. Tribunal Pleno. Julgamento em 26 de junho de 2007. *DJ*, 29 jun. 2007.

> a operação diversa resultaria em ato de criação normativa para o qual o Judiciário não tem competência. Aduziu-se que o reconhecimento desse creditamento ocasionaria inversão de valores com alteração das relações jurídicas tributárias, dada a natureza seletiva do tributo em questão, visto que o produto final mais supérfluo proporcionaria uma compensação maior, sendo este ônus indevidamente suportado pelo Estado. Além disso, importaria em extensão de benefício a operação diversa daquela a que o mesmo está vinculado e, ainda, em sobreposição incompatível com a ordem natural das coisas. Por fim, esclareceu-se que a Lei 9.779/99 não confere direito a crédito na hipótese de alíquota zero ou de não tributação e sim naquela em que as operações anteriores foram tributadas, mas a final não o foi, evitando-se, com isso, tornar inócuo o benefício fiscal.[51]

Após o julgamento tratado acima, ficou pendente de apreciação questão de ordem suscitada pelo ministro Ricardo Lewandowski, relativa aos efeitos que seriam conferidos à decisão. Ao analisar a referida questão, o Supremo Tribunal optou por não modular temporalmente as decisões favoráveis à Fazenda.

Embora os precedentes acima citados (RE nº 353.657/PR e RE nº 370.682/SC) tratassem apenas de insumos sujeitos a alíquota zero e não incidência, em 29 de setembro de 2010, o Plenário do STF esclareceu que as mesmas conclusões seriam aplicáveis aos casos de isenção.[52]

A única questão que continua pendente de apreciação pelo STF em relação ao assunto acima se refere à possibilidade de

---

[51] BRASIL. Supremo Tribunal Federal. *Informativo STF nº 456*. Brasília, DF, 12-23 fev. 2007.

[52] BRASIL. Supremo Tribunal Federal. RE nº 566.819/RS. Relator: ministro Marco Aurélio. Tribunal Pleno. Julgamento em 29 de setembro de 2010. *DJe*, 29 fev. 2011 e BRASIL. Supremo Tribunal Federal. AgRg no RE nº 504.383/PR. Relator: ministro Marco Aurélio. Primeira Turma. Julgamento em 21 de outubro de 2008. *DJe*, 6 fev. 2009.

creditamento em relação a insumos recebidos da Zona Franca de Manaus (essa matéria será analisada, a qualquer momento, nos autos do RE nº 592.891/SP).

Outra questão a ser abordada é a possibilidade de manutenção de créditos no caso de produtos finais sujeitos a regra de isenção, não incidência ou alíquota zero. O art. 49 do CTN, ao tratar do regime não cumulativo do IPI, dispõe:

> Art. 49. O imposto é não cumulativo, dispondo a lei de forma que o montante devido *resulte da diferença a maior, em determinado período, entre o imposto referente aos produtos saídos do estabelecimento e o pago relativamente aos produtos nele entrados.*
> Parágrafo único. O saldo verificado, em determinado período, em favor do contribuinte transfere-se para o período ou períodos seguintes [grifo nosso].

Do texto transcrito no item anterior, infere-se que o regime da não cumulatividade no caso do IPI opera-se por meio da oposição dos créditos relativos ao total do imposto pago na entrada de bens (matérias-primas, produtos intermediários etc.) ao total dos débitos lançados na saída dos produtos industrializados, sem que seja necessário haver vinculação entre os produtos recebidos e os expedidos. Sendo assim, a nosso ver, não haveria motivo para restringir o crédito decorrente da aquisição de insumos tributados aplicados na produção de bens sujeitos a regra de isenção, não incidência ou alíquota zero.

Contudo, ao julgar os REs nº 109.047/SP, de 28 de agosto de 1986, e nº 99.825/SP, de 22 de março de 1985, o STF admitiu a restrição ao aproveitamento de créditos nos casos em que a saída do produto resultante da industrialização fosse submetida a alíquota zero. Seguem as ementas das referidas decisões:

> Imposto sobre produtos industrializados. Alíquota zero. Creditamento. Ao negar o direito ao crédito do IPI, incidente sobre

embalagens destinadas ao acondicionamento de produto sujeito à alíquota zero, no momento de saída do estabelecimento industrial, o acórdão recorrido não contrariou a regra constitucional da não cumulatividade (art. 21, parágrafo 3), nem tampouco negou a vigência do art. 49 do CTN. Dissídio jurisprudencial não configurado. Recurso extraordinário de que não se conhece.[53]

IPI. Constituição, art. 21, parágrafo 3 e CTN, art. 4. Princípio da não cumulatividade. Crédito de IPI, em importação de mercadoria. Alíquota zero. O DL 1686-79 não ofende o princípio da não cumulatividade. Inexistência de ofensa pelo acórdão, aos dispositivos acima referidos. Dissídio pretoriano não demonstrado. Recurso extraordinário não conhecido.[54]

A fundamentação dos acórdãos acima pode ser resumida no seguinte trecho do voto do relator do acórdão proferido no julgamento do RE nº 109.047/SP, ministro Octavio Gallotti:

> Por outro lado, o fato de o creditamento ser assegurado com relação a produtos originariamente isentos não colide com o raciocínio que nega o mesmo benefício nas hipóteses de alíquota zero. Como bem lembrou o eminente Ministro Paulo Távora, do Tribunal Federal de Recursos, em voto mencionado no acórdão recorrido, na isenção "emerge da incidência um valor positivo a cuja percepção o legislador, diretamente, renuncia ou autoriza o administrador a fazê-lo. Na tarifa zero frustra-se a quantificação aritmética da incidência e nada vem à tona para ser excluído".[55]

[53] BRASIL. Supremo Tribunal Federal. RE nº 109.047/SP. Relator: ministro Octavio Gallotti. Primeira Turma. Julgamento em 29 de agosto de 1986. *DJ*, 26 set. 1986.
[54] BRASIL. Supremo Tribunal Federal. RE nº 99.825/SP. Relator: ministro Néri da Silveira. Primeira Turma. Julgamento em 22 de março de 1985. *DJ*, 5 set. 1986.
[55] BRASIL. Supremo Tribunal Federal. RE nº 109.047. Relator: ministro Octavio Gallotti. Primeira Turma. Julgamento em 29 de agosto de 1986. *DJ*, 26 set. 1986.

Mais de 20 anos depois, o STF iniciou o julgamento de dois REs, nº 562.980-5 e nº 475.551, nos quais se discutiu a possibilidade de manutenção do crédito decorrente da aquisição de insumos tributados aplicados na produção de bens sujeitos a regra de isenção ou alíquota zero (não abordando casos de não incidência).

O julgamento do RE nº 562.980-5/SC foi iniciado em 18 de junho de 2008, tendo o ministro relator Ricardo Lewandowski proferido voto favorável ao contribuinte, por entender que a manutenção dos créditos seria inerente ao princípio da não cumulatividade. O ministro relator declarou ainda que o art. 11 da Lei nº 9.779/1999,[56] visto por alguns como tendo autorizado o creditamento nos casos em análise, é norma meramente interpretativa, pois simplesmente explicita as consequências naturais do princípio da não cumulatividade.

Transcrevemos a seguir trechos do Informativo STF nº 511/2008, referentes ao caso:

> O Tribunal iniciou julgamento de recurso extraordinário interposto pela União contra acórdão do TRF da 4ª Região em que se discute a possibilidade de o contribuinte creditar-se ou compensar-se do IPI quando há incidência do tributo sobre os insumos ou matérias-primas utilizados na industrialização de produtos isentos ou tributados com alíquota zero. N*a espécie, o acórdão impugnado reconhecera o direito de a empresa recorrida*

[56] Lei nº 9.779/1999: "Art. 11. O saldo credor do Imposto sobre Produtos Industrializados – IPI, acumulado em cada trimestre-calendário, decorrente de aquisição de matéria-prima, produto intermediário e material de embalagem, aplicados na industrialização, inclusive de produto isento ou tributado à alíquota zero, que o contribuinte não puder compensar com o IPI devido na saída de outros produtos, poderá ser utilizado de conformidade com o disposto nos arts. 73 e 74 da Lei nº 9.430, de 27 de dezembro de 1996, observadas as normas expedidas pela Secretaria da Receita Federal do Ministério da Fazenda".

compensar os créditos do IPI, até dezembro de 1998, superando a limitação estabelecida no art. 174 do Decreto 2.637/98, com base no princípio da não cumulatividade, e ao fundamento de que, a partir de 1º.1.99, com o advento da Lei 9.779/99, isso teria se tornado possível, mediante requerimento à Receita Federal. O Min. Ricardo Lewandowski, relator, negou provimento ao recurso. Salientou, inicialmente, estar-se diante de hipótese diversa da examinada anteriormente pela Corte (RE 370682/SC e RE 353657/PR, j. em 25.6.2007), em que assentada a impossibilidade do creditamento do IPI nas operações realizadas com insumos ou matérias-primas isentos ou tributados com alíquota zero.

[...]

O relator assentou que o art. 11 da Lei 9.779/99 acabou por acolher o entendimento predominante na doutrina e na jurisprudência no tocante à matéria em questão, ensejando o aproveitamento dos créditos do IPI, mediante compensação com outros tributos devidos e administrados pela Secretaria da Receita Federal, nos termos dos artigos 73 e 74 da Lei 9.430/96. Entendeu ser patente que o direito ao aproveitamento de créditos decorrentes de insumos tributados, no caso de produtos isentos ou tributados à alíquota zero, não teria surgido apenas com a promulgação da Lei 9.779/99, já que derivado diretamente do princípio da não cumulatividade, previsto na CRFB/1988 e em Cartas anteriores, sendo inadmissível que lei ordinária ou simples regulamento pudessem obstaculizá-lo. Ressaltou que a retroação dos efeitos da Lei 9.779/99 estaria implícita, porque esse diploma configuraria verdadeira "lei interpretativa", visto não criar direito novo, mas apenas explicitar as consequências advindas do princípio constitucional da não cumulatividade, revestindo-se, pois, de um caráter eminentemente declaratório (CTN, art. 106, I) [grifo nosso].

Durante a mesma sessão, o ministro Marco Aurélio divergiu do ministro relator, tendo proferido voto no sentido de que o creditamento somente seria possível após a vigência da Lei nº 9.779/1999, como se depreende do Informativo STF nº 511/2008:

> Em divergência, o Min. Marco Aurélio deu provimento ao recurso para, reformando o acórdão recorrido, limitar o creditamento, com as consequências próprias, ao período posterior à vigência da Lei 9.779/99. Afirmou que, presente o princípio da não cumulatividade, do qual só se poderia falar quando houvesse a dupla incidência, sobreposição, o direito do contribuinte ao crédito, no caso, somente teria surgido com a edição da Lei 9.779/99, a qual não implicaria mera explicitação de um direito.

O referido julgamento foi interrompido após o voto do ministro Marco Aurélio. Em 1º de outubro de 2008, foi iniciado o julgamento do RE nº 475.551/SP, tendo o ministro relator Cezar Peluso proferido voto no sentido de que a manutenção dos créditos na operação em exame seria inerente ao princípio da não cumulatividade, sendo absolutamente irrelevante as determinações da Lei nº 9.779/1999. Segue informativo referente ao julgamento:

> O Tribunal iniciou julgamento de recurso extraordinário interposto pela União contra acórdão do TRF da 4ª Região que reconheceu a possibilidade de manutenção de créditos decorrentes da aquisição de insumos e matérias-primas tributados, empregados no fabrico de produtos cuja saída é isenta ou tem alíquota zero. Inicialmente, o relator registrou ser diversa da dos presentes autos a matéria examinada no RE 353657/PR (DJE de 7.3.2008) e no RE 370682/SC (DJE de 19.12.2007), nos quais se tratava da existência de crédito presumido, decorrente da

aquisição de produtos não tributados ou sujeitos à alíquota zero, com subsequente venda de produto tributado. Asseverou cuidar-se, aqui, da questão da desoneração de IPI na saída e dos seus efeitos sobre a manutenção dos créditos, reais e não fictos, obtidos nas aquisições tributadas. Em seguida, reputou ser imprescindível assentar que o nascimento do crédito na entrada não está sujeito à realização do fato gerador tributado na saída, isto a significar que o direito ao crédito pelos insumos entrados no estabelecimento industrial não se subordina nem vincula a saída tributada, tendo o contribuinte direito ao crédito por força da só aquisição de insumos tributados, não obstante precise, para dele fruir, da realização de operação integrante da classe típica de incidência do IPI, conquanto não necessariamente tributada pelo IPI. Assim, afirmou ser suficiente que a empresa, cujas saídas sejam exoneradas, realize operações com produtos industrializados (CF, art. 153, IV), para que lhe seja assegurado o creditamento relativo às aquisições, pouco se dando a modalidade do tratamento normativo-tributário reservado às vendas, isto é, tributação, não tributação, alíquota zero ou isenção. [...] Enfatizou, ademais, que, ainda que a Lei 9.799/99 não tivesse permitido o aproveitamento do crédito acumulado, mediante compensação, isso não repercutiria sobre o momento anterior, o da geração dos créditos, nem retiraria o ônus do legislador de prever meios para a fruição dos valores correlatos. Aduziu que o que importa é só que se dê operação típica de IPI, sendo suficiente à fruição dos créditos que a empresa realize a operação com o produto industrializado, e que esse é o cerne da norma que autoriza a instituição do imposto (CF, art. 153, IV), independentemente do tratamento tributário que a lei reserve à saída, haja vista que a não cumulatividade exige a possibilidade de manutenção dos créditos tributários, decorrentes da aquisição de matérias-primas, produtos intermediários e materiais de embalagem, independentemente da forma de tributação a incidir no resultado do processo produtivo. Expôs, em sequência, as razões pelas quais entende que nenhuma espécie desonerativa pode implicar anulação dos créditos oriundos de entradas tributadas. Disse que, na saída com isenção ou alíquota zero, é manifesta a ocorrência de operação típica de IPI. Em ambas, ocorre a venda de produto industrializado, mas, por técnicas diferentes, não há imposto por pagar, sendo evidente que, em relação a não cumulatividade, tanto a isenção quanto a alíquota zero produzem o mesmo efeito jurídico e prático, não se justificando, pois, a ideia de tratamentos diferenciados. Ademais, a supressão de algum aspecto da regra-matriz da incidência ou a nulificação do elemento quantitativo não subtraem a operação concreta à categoria das ações em tese submissas à incidência do IPI. Asseverou que se dá o mesmo em quase todas as hipóteses de não tributação, que se manifesta de maneiras distintas.

[...]

Em suma, entendeu o relator que acertou o acórdão recorrido, ao reconhecer, embora sob fundamento de natureza diversa, o direito de o contribuinte manter créditos decorrentes da aquisição de inputs tributados, ainda na hipótese em que se dedique à fabricação de produtos desonerados (isentos, sujeitos a alíquota zero ou não tributados), pelas seguintes razões: (a) a natureza exclusivamente constitucional e ilimitada do princípio da não cumulatividade do IPI; (b) a existência de efetiva incidência de tributo na aquisição de insumos (onerados); (c) a autonomia entre os momentos de geração do crédito e de seu aproveitamento; (d) a ocorrência de operação de saída inserta no âmbito daquelas típicas do IPI e reveladora do pressuposto de fato da competência (venda de produto industrializado); (e) a insignificância jurídico-constitucional, para fins de creditamento, da disciplina tributária da saída dos produtos industrializados (imunidade, não tributação, isenção, alíquota zero, não incidência); (f) a possibilidade de aproveitamento de créditos, na forma prevista em lei (compensação com outros tributos, ou meios diversos de fruição que venham a ser estabelecidos); e (g) a inviabilidade jurídica de, sob qualquer pretexto, anular ou estornar créditos, ou permitir-lhes acumulação indefinida, em razão da desoneração das saídas. Após, pediu vista dos autos o Min. Menezes Direito [Informativo STF nº 522, 29 set. a 3 out. 2008].

O referido julgamento foi interrompido após o voto do ministro Cezar Peluso, tendo sido reiniciado, em conjunto com o julgamento do RE nº 562.980-5/SC (tratado acima), em 6 de maio de 2009. Em tal data, os demais ministros votaram no sentido de que o creditamento somente seria possível após a vigência da Lei nº 9.779/1999.

Transcrevemos abaixo as ementas dos referidos acórdãos:

> IPI – CREDITAMENTO – ISENÇÃO – OPERAÇÃO ANTERIOR À LEI Nº 9.779/99. A ficção jurídica prevista no artigo 11 da Lei nº 9.779/99 não alcança situação reveladora de isenção do Imposto sobre Produtos Industrializados – IPI que a antecedeu.[57]
>
> IMPOSTO SOBRE PRODUTOS INDUSTRIALIZADOS – IPI. INSUMOS OU MATÉRIAS-PRIMAS TRIBUTADOS. SAÍDA ISENTA OU SUJEITA À ALÍQUOTA ZERO. ART. 153, § 3º, INC. II, DA CONSTITUIÇÃO DA REPÚBLICA. ART. 11 DA LEI N. 9.779/1999. PRINCÍPIO DA NÃO CUMULATIVIDADE. DIREITO AO CREDITAMENTO: INEXISTÊNCIA. RECURSO EXTRAORDINÁRIO PROVIDO.
> 1. Direito ao creditamento do montante de Imposto sobre Produtos Industrializados pago na aquisição de insumos ou

[57] BRASIL. Supremo Tribunal Federal. RE nº 562.980-5/SC. Relator: ministro Ricardo Lewandowski. Relator p/ acórdão: ministro Marco Aurélio. Tribunal Pleno. Julgamento em 6 de maio de 2009. *DJe*, 4 set. 2009.

matérias-primas tributados e utilizados na industrialização de produtos cuja saída do estabelecimento industrial é isenta ou sujeita à alíquota zero.

2. A compensação prevista na Constituição da República, para fins da não cumulatividade, depende do cotejo de valores apurados entre o que foi cobrado na entrada e o que foi devido na saída: o crédito do adquirente se dará em função do montante cobrado do vendedor do insumo e o débito do adquirente existirá quando o produto industrializado é vendido a terceiro, dentro da cadeia produtiva.

3. Embora a isenção e a alíquota zero tenham naturezas jurídicas diferentes, a consequência é a mesma, em razão da desoneração do tributo.

4. O regime constitucional do Imposto sobre Produtos Industrializados determina a compensação do que for devido em cada operação com o montante cobrado nas operações anteriores, esta a substância jurídica do princípio da não cumulatividade, não aperfeiçoada quando não houver produto onerado na saída, pois o ciclo não se completa.

5. Com o advento do art. 11 da Lei n. 9.779/1999 é que o regime jurídico do Imposto sobre Produtos Industrializados se completou, apenas a partir do início de sua vigência se tendo o direito ao crédito tributário decorrente da aquisição de insumos ou matérias-primas tributadas e utilizadas na industrialização de produtos isentos ou submetidos à alíquota zero.

6. Recurso extraordinário provido.[58]

[58] BRASIL. Supremo Tribunal Federal. RE nº 475.551/PR. Relator: ministro Cezar Peluso. Tribunal Pleno. Julgamento em 6 de maio de 2009. *DJe*, 13 nov. 2009.

Questões de automonitoramento

1) Após ler o material, você é capaz de resumir o caso gerador do capítulo 5, identificando as partes envolvidas, os problemas atinentes e as soluções cabíveis?
2) Quais são os fatos geradores e sujeitos passivos do IPI, na forma do que preceituam o Código Tributário Nacional e a Lei nº 4.502/1964?
3) Promova a identificação dos princípios aplicáveis ao IPI, bem como daqueles cuja observância a própria Constituição da República excetua.
4) A flexibilização típica do IPI, porquanto tributo de natureza híbrida (fiscal e extrafiscal), autoriza o Poder Executivo a majorar e alterar bases de cálculo e alíquotas discricionariamente?

2

IPI: campo de incidência, contribuintes e responsáveis

Roteiro de estudo

Introdução

Como visto no capítulo anterior, o imposto sobre operações com produtos industrializados (IPI) é da competência da União e encontra-se previsto no art. 153, IV, da Constituição (CRFB/1988) e disciplinado nos arts. 46 a 51 do Código Tributário Nacional (CTN) – capítulo que cuida dos impostos sobre a produção e circulação.

Trata-se da segunda maior arrecadação da União, sucumbindo apenas ao imposto de renda, e é objeto de repartição de receita tributária, na linha do que dispõem os arts. 152 a 159 da Constituição Federal.

É informado pelos princípios da não cumulatividade – o qual autoriza o contribuinte a se creditar do valor pago nas operações anteriores e ser compensado com o valor a ser pago na operação por ele praticada – e da seletividade, segundo o qual a alíquota é inversamente proporcional à essencialidade do produto.

Ocorre que, para além das premissas constitucionais que envolvem o IPI, convém fazer uma análise dos desdobramentos infraconstitucionais e aspectos práticos que envolvem o imposto.

Conceitos elementares

Produto industrializado

Produto industrializado é o resultante de qualquer operação definida no Regulamento do IPI (Ripi/2010) como industrialização, mesmo incompleta, parcial ou intermediária.

Industrialização

Caracteriza industrialização[59] qualquer operação que modifique a natureza, o funcionamento, o acabamento, a apresentação ou a finalidade do produto, ou o aperfeiçoe para consumo, como disposto no art. 4º do Ripi (Decreto nº 7.212/2010):

> I - a que, exercida sobre matérias-primas ou produtos intermediários, importe na obtenção de espécie nova (transformação);
> II - a que importe em modificar, aperfeiçoar ou, de qualquer forma, alterar o funcionamento, a utilização, o acabamento ou a aparência do produto (beneficiamento);
> III - a que consista na reunião de produtos, peças ou partes e de que resulte um novo produto ou unidade autônoma, ainda que sob a mesma classificação fiscal (montagem);

[59] "CONSTRUÇÃO CIVIL. IPI. FATO GERADOR. LETRA A DO INCISO VIII DO DECRETO FEDERAL Nº 4.544/02. INOCORRÊNCIA. CREDITAMENTO. IMPOSSIBILIDADE. I - A operação de edificação de imóveis refoge ao conceito de industrialização, nos termos do Decreto nº 4.544/02, VIII, "a". Desse modo, a construtora se reveste, na verdade, no conceito de consumidor final e contribuinte de fato do IPI, não podendo se creditar do imposto pago na aquisição de insumos. II - Recurso especial improvido" (BRASIL. Superior Tribunal de Justiça. REsp nº 1.050.521/SC. Relator: ministro Francisco Falcão. Primeira Turma. Julgamento em 19 de maio de 2008. *DJe*, 5 jun. 2008).

IV - a que importe em alterar a apresentação do produto, pela colocação da embalagem, ainda que em substituição da original, salvo quando a embalagem colocada se destine apenas ao transporte da mercadoria (acondicionamento ou reacondicionamento); ou

V - a que, exercida sobre produto usado ou parte remanescente de produto deteriorado ou inutilizado, renove ou restaure o produto para utilização (renovação ou recondicionamento).

Não se considera industrialização (art. 5º do Ripi/2010):

I - o preparo de produtos alimentares, não acondicionados em embalagem de apresentação:

a) na residência do preparador ou em restaurantes, bares, sorveterias, confeitarias, padarias, quitandas e semelhantes, desde que os produtos se destinem a venda direta a consumidor;

b) em cozinhas industriais, quando destinados à venda direta a corporações, empresas e outras entidades, para consumo de seus funcionários, empregados ou dirigentes;

II - o preparo de refrigerantes, à base de extrato concentrado, por meio de máquinas, automáticas ou não, em restaurantes, bares e estabelecimentos similares, para venda direta a consumidor;

III - a confecção ou preparo de produto de artesanato [...];

IV - confecção de vestuário, por encomenda direta do consumidor ou usuário, em oficina ou na residência do confeccionador;

V - o preparo de produto, por encomenda direta do consumidor ou usuário, na residência do preparador ou em oficina, desde que, em qualquer caso, seja preponderante o trabalho profissional;

VI - a manipulação em farmácia, para venda direta a consumidor, de medicamentos oficinais e magistrais, mediante receita médica;

VII - a moagem de café torrado, realizada por comerciante varejista como atividade acessória;

VIII - a operação efetuada fora do estabelecimento industrial, consistente na reunião de produtos, peças ou partes e de que resulte:
a) edificação (casas, edifícios, pontes, hangares, galpões e semelhantes, e suas coberturas);
b) instalação de oleodutos, usinas hidrelétricas, torres de refrigeração, estações e centrais telefônicas ou outros sistemas de telecomunicação e telefonia, estações, usinas e redes de distribuição de energia elétrica e semelhantes;
c) fixação de unidades ou complexos industriais ao solo;
IX - a montagem de óculos, mediante receita médica;
X - o acondicionamento de produtos classificados nos Capítulos 16 a 22 da TIPI, adquiridos de terceiros, em embalagens confeccionadas sob a forma de cestas de natal e semelhantes;
XI - o conserto, a restauração e o recondicionamento de produtos usados, nos casos em que se destinem ao uso da própria empresa executora ou quando essas operações sejam executadas por encomenda de terceiros não estabelecidos com o comércio de tais produtos, bem como assim o preparo, pelo consertador, restaurador ou recondicionador, de partes ou peças empregadas exclusiva e especificamente naquelas operações;
XII - o reparo de produtos com defeito de fabricação, inclusive mediante substituição de partes e peças, quando a operação for executada gratuitamente, ainda que por concessionários ou representantes, em virtude de garantia dada pelo fabricante;
XIII - a restauração de sacos usados, executada por processo rudimentar, ainda que com emprego de máquinas de costura;
XIV - a mistura de tintas entre si, ou com concentrados de pigmentos, sob encomenda do consumidor ou usuário, realizada em estabelecimento varejista, efetuada por máquina automática ou manual, desde que fabricante e varejista não sejam empresas interdependentes, controladoras, controladas ou coligadas;
XV - a operação de que resultem os produtos relacionados na Subposição 2401.20 da TIPI, quando exercida por produtor rural pessoa física.

Estabelecimento industrial

Estabelecimento industrial é o que executa qualquer das operações consideradas industrialização,[60] de que resulte produto tributado, ainda que de alíquota zero ou isento, sendo esta uma característica imprescindível para a caracterização do contribuinte.

Os arts. 5º, 6º e 7º do Ripi/2010 listam diversas atividades e/ou operações muito específicas que são excluídas do conceito de industrialização para efeito de incidência do IPI, como a confecção ou preparo de produtos de artesanato, o preparo de produtos alimentares não acondicionados em embalagem de apresentação, a confecção de vestuário por encomenda direta do usuário, a montagem de óculos mediante receita médica, a mistura de tintas entre si, entre outros.

Estabelecimento industrial por equiparação

Com o intento de evitar a elisão fiscal, o legislador ordinário criou a figura do estabelecimento industrial por equiparação. Assim, mesmo os estabelecimentos que não realizam qualquer operação de industrialização podem ser vistos como se a tivessem realizado.

O atual regulamento do IPI prevê dois tipos de equiparação a estabelecimento industrial: a obrigatória ou compulsória (casos previstos nos arts. 9º e 10) e a equiparação por opção (art. 11).

Em qualquer dos casos, para que a equiparação esteja devidamente formalizada e surtindo seus efeitos jurídicos, o estabelecimento deve alterar seus dados cadastrais no CNPJ, identificando-se como contribuinte do IPI.

[60] Ver subseção anterior ("Industrialização", p. 58).

A partir desse momento, decorrente da subsunção às normas legais, o estabelecimento deverá cumprir todas as obrigações principais e acessórias correspondentes, estando sujeito às penalidades previstas em lei.

Por outro lado, o estabelecimento equiparado a industrial poderá se creditar do IPI incluso no preço dos produtos existentes em seu estoque que sejam considerados insumos de produção pela legislação de regência.

Equiparação obrigatória

O primeiro e mais comum caso de equiparação obrigatória (inciso I do art. 9º do Ripi/2010 c/c inciso II do art. 4º da Lei nº 4.502/1964) trata dos estabelecimentos que importam produtos tributados pelo IPI para posterior comercialização no mercado interno, substituindo uma industrialização que poderia ser realizada no território nacional, e independentemente da qualidade do eventual comprador. Esse tipo de equiparação também tem o objetivo de aproximar o preço dos produtos importados aos dos produtos nacionais, evitando concorrências desleais e desequilíbrios no mercado nacional.

Mesmo que o importador não efetue qualquer tipo de industrialização nos produtos estrangeiros, a legislação do IPI prevê, para esse caso, dois momentos de incidência do imposto: o primeiro momento ocorre no desembaraço aduaneiro (IPI vinculado); o segundo acontece quando o importador promove a saída do produto importado no mercado nacional (IPI interno), e é nesse momento que o estabelecimento é equiparado a industrial, ou seja, quando promove a saída de produto industrializado importado.

Em respeito ao princípio da não cumulatividade, o segundo momento gerará um débito que poderá ser abatido de crédito do imposto pago no primeiro momento, resultando, muito provavelmente, um saldo devedor, considerando-se a existência de valor agregado.

A não cumulatividade permite que a tributação seja feita apenas sobre o valor agregado. Assim, é possível que se compre o produto por 10, venda por 12, e seja tributado apenas sobre 2, pelo direito do contribuinte de se creditar do imposto pago nas operações anteriores, reduzindo o montante devido na operação por ele praticada.

A não cumulatividade é essencial para evitar o que os economistas chamam de efeito cascata na tributação. Exemplo a ilustrar é o fenômeno tributário da não cumulatividade:

Alíquota fictícia de 10%:

A		B		C		D		E		F		G
	$ 18		$ 21		$ 25		$ 30		$ 38		$ 50	

Cumulatividade:

1,8	2,1	2,5	3,0	3,8	5,0

= 18,2

Não cumulatividade:

1,8	2,1 – 1,8 = 0,3	2,5 – 2,1 = 0,4	3,0 – 2,5 = 0,5	3,8 – 3,0 = 0,8	5,0 – 3,8 = 1,2

= 5,0

Se houvesse cumulatividade, uma alíquota de 10% geraria uma tributação de quase 40%. O legislador impediu a cumulação da tributação, de forma que cada contribuinte só é tributado na parcela do preço que foi acrescentado. É por isso que comumente se chama "imposto sobre o valor agregado".[61] É o caso da não

[61] Em que pese muitas vezes serem considerados sinônimos, há diferença técnica entre tributação sobre valor agregado e a tributação na sistemática não cumulativa. No imposto sobre valor agregado (IVA), a base de cálculo é apenas o valor agregado na operação (a diferença). Na não cumulatividade, tributa-se todo o valor da operação, mas se compensa o crédito do imposto previamente pago na operação anterior.

cumulatividade. Só se pode falar em cumulatividade ou não cumulatividade em impostos sobre operações de cadeia econômica, impostos sobre operações de circulação de bens e serviços.

A implicação da condição de equiparado é que, nas saídas de produtos desses estabelecimentos, haverá fato gerador do imposto. Analogamente aos estabelecimentos industriais, a caracterização como estabelecimento equiparado a industrial requer que os produtos manipulados estejam no campo de incidência do IPI, em observância ao princípio da seletividade e à Tipi. Por consequência, esses estabelecimentos deverão cumprir todas as obrigações principais e acessórias atribuídas a um industrial.

A Receita Federal do Brasil (RFB) já esclareceu em "Soluções de consulta" que os estabelecimentos atacadistas ou varejistas que adquirirem produtos de procedência estrangeira, importados por sua conta e ordem, mesmo que por intermédio de pessoa jurídica importadora, também são equiparados a estabelecimento industrial. E complementou dizendo que esses estabelecimentos equiparados a industriais são contribuintes do IPI para todos os efeitos, submetendo-se ao cumprimento da obrigação principal e das obrigações acessórias previstas na legislação.

No mesmo sentido, o Acórdão nº 202-03.290/1990, da Segunda Câmara do Segundo Conselho de Contribuintes assim decidiu:

> IMPORTAÇÃO DE PRODUTOS ESTRANGEIROS. Estabelecimento que importa produtos tributados de procedência estrangeira é contribuinte do IPI, sujeito à obrigação principal (pagamento do tributo) e às acessórias, tais como a emissão de notas fiscais, escrituração de livros etc. Isto porque o importador é equiparado à industrial de forma ampla, para todos os efeitos legais (PN CST 367/71). Aplica-se a multa de 30% do valor comercial a todo aquele que receber, conservar, entregar

a consumo ou consumir o produto sem registros nos livros ou fichas de controle quantitativo próprios, quando entrar no estabelecimento ou dele sair; ou que emitir Nota Fiscal sem qualquer dos requisitos legais ou regulamentares (art. 366, I e II, do RIPI/1982). Ação fiscal procedente.

O Superior Tribunal de Justiça (STJ) está julgando, no momento, a legalidade dessa equiparação do importador, na saída do produto do seu estabelecimento importador para o mercado interno, considerando que não ocorre qualquer processo de industrialização nessa etapa.

Até o momento, o STJ tem se inclinado ao entendimento favorável aos contribuintes em face dessa segunda cobrança de IPI (saída do estabelecimento importador). A referida controvérsia será detidamente abordada no capítulo 3.

Os demais casos de equiparação obrigatória estão previstos no art. 9º do Ripi/2010.[62]

---

[62] Ripi/2010: "Art. 9º. Equiparam-se a estabelecimento industrial: [...] II - os estabelecimentos, ainda que varejistas, que receberem, para comercialização, diretamente da repartição que os liberou, produtos importados por outro estabelecimento da mesma firma; III - as filiais e demais estabelecimentos que exercerem o comércio de produtos importados, industrializados ou mandados industrializar por outro estabelecimento da mesma firma, salvo se aqueles operarem exclusivamente na venda a varejo e não estiverem enquadrados na hipótese do inciso II; IV - os estabelecimentos comerciais de produtos cuja industrialização tenha sido realizada por outro estabelecimento da mesma firma ou de terceiro, mediante a remessa, por eles efetuada, de matérias-primas, produtos intermediários, embalagens, recipientes, moldes, matrizes ou modelos; V - os estabelecimentos comerciais de produtos do Capítulo 22 da TIPI, cuja industrialização tenha sido encomendada a estabelecimento industrial, sob marca ou nome de fantasia de propriedade do encomendante, de terceiro ou do próprio executor da encomenda; VI - os estabelecimentos comerciais atacadistas dos produtos classificados nas Posições 71.01 a 71.16 da TIPI; VII - os estabelecimentos atacadistas e cooperativas de produtores que derem saída a bebidas alcoólicas e demais produtos, de produção nacional, classificados nas Posições 22.04, 22.05, 22.06 e 22.08 da TIPI e acondicionados em recipientes de capacidade superior ao limite máximo permitido para venda a varejo, com destino aos seguintes estabelecimentos: a) industriais que utilizarem os produtos mencionados como matéria-prima ou produto intermediário na fabricação de bebidas; b) atacadistas e cooperativas de produtores; ou c) engarrafadores dos mesmos produtos;

Equiparação por opção

Há ainda a equiparação a industrial por opção (arts. 11 a 13 do Ripi/2010).

Enquadra-se nessa categoria o estabelecimento comercial que der saída a bens de produção para estabelecimentos industriais ou revendedores, exceto quando destinados a particulares e em quantidade que não exceda a normalmente destinada a seu próprio uso.

Equiparam-se, ainda, por opção, as cooperativas constituídas nos termos da Lei nº 5.764/1971 que se dedicarem à venda em comum de bens de produção recebidos de seus associados para comercialização.

A referida opção também deverá ser feita mediante alteração dos dados cadastrais do estabelecimento no Cadastro Nacional

---

VIII - os estabelecimentos comerciais atacadistas que adquirirem de estabelecimentos importadores produtos de procedência estrangeira, classificados nas Posições 33.03 a 33.07 da TIPI (Medida Provisória nº 2.158-35, de 24 de agosto de 2001, art. 39); IX - os estabelecimentos, atacadistas ou varejistas, que adquirirem produtos de procedência estrangeira, importados por encomenda ou por sua conta e ordem, por intermédio de pessoa jurídica importadora (Medida Provisória nº 2.158-35, de 2001, art. 79, e Lei nº 11.281, de 2006, art. 13); X - os estabelecimentos atacadistas dos produtos da Posição 87.03 da TIPI (Lei nº 9.779, de 19 de janeiro de 1999, art. 12); XI - os estabelecimentos comerciais atacadistas dos produtos classificados nos Códigos e Posições 2106.90.10 Ex 02, 22.01, 22.02, exceto os Ex 01 e Ex 02 do Código 2202.90.00, e 22.03, da TIPI, de fabricação nacional, sujeitos ao imposto conforme regime geral de tributação de que trata o art. 222 (Lei nº 10.833, de 29 de dezembro de 2003, arts. 58-A e 58-E, inciso I, e Lei nº 11.727, de 23 de junho de 2008, art. 32); XII - os estabelecimentos comerciais varejistas que adquirirem os produtos de que trata o inciso XI, diretamente de estabelecimento industrial, ou de encomendante equiparado na forma do inciso XIII; XIII - os estabelecimentos comerciais de produtos de que trata o inciso XI, cuja industrialização tenha sido por eles encomendada a estabelecimento industrial, sob marca ou nome de fantasia de propriedade do encomendante, de terceiro ou do próprio executor da encomenda; XIV - os estabelecimentos comerciais atacadistas dos produtos classificados nos Códigos e Posições 2106.90.10 Ex 02, 22.01, 22.02, exceto os Ex 01 e Ex 02 do Código 2202.90.00, e 22.03, da TIPI, de procedência estrangeira, sujeitos ao imposto conforme regime geral de tributação de que trata o art. 222; e XV - os estabelecimentos comerciais varejistas que adquirirem os produtos de que trata o inciso XIV, diretamente de estabelecimento importador".

da Pessoa Jurídica (CNPJ), para formalizar sua inclusão como contribuinte do imposto.

Ao formalizar sua opção, o interessado deverá relacionar os produtos que possuía no dia imediatamente anterior àquele em que iniciar o regime de tributação, com suas respectivas classificações fiscais e valores, escriturando-os no livro Registro de Utilização de Documentos Fiscais e Termos de Ocorrência ou em relação anexa ao mesmo. Nesse caso, poderá creditar-se, no livro Registro de Apuração do IPI, do imposto constante da relação dos produtos que possuía.

A partir desse momento, o contribuinte por opção também estará sujeito às mesmas obrigações (principais e acessórias) do industrial ou do equiparado a industrial (art. 13 do Ripi/2010).

Caso ocorra a desistência da condição de contribuinte do IPI por opção, esta também deverá ser formalizada mediante alteração dos dados cadastrais no CNPJ.

Contribuintes

No mundo dos negócios existem basicamente quatro grandes grupos de atividade empresarial, a saber: a indústria, o comércio, a financeira e a prestação de serviços. As empresas podem até exercer mais de uma atividade ao mesmo tempo, mas geralmente haverá preponderância de uma delas, pela qual se tornam mais conhecidas.

Quando falamos em lojas Renner, por exemplo, logo nos vem à mente uma empresa preponderantemente comercial, e não industrial. No entanto, ela estará equiparada a industrial pela legislação do IPI e, consequentemente, será contribuinte desse tributo se importar e posteriormente revender no mercado interno produtos que, pela sua classificação fiscal, têm incidência do mesmo.

Ao realizar importações de mercadorias para revenda, na realidade ela está substituindo uma industrialização que, em princípio, poderia ser realizada no território brasileiro. Se não houvesse a tributação do IPI na importação, estaríamos privilegiando produtos estrangeiros em detrimento dos nacionais, criando uma concorrência desigual que, ao mesmo tempo, interferiria na arrecadação tributária, na execução do programa governamental de investimentos e na balança comercial.

A avaliação de cada uma das atividades e operações executadas pelas empresas é que subsidiará a definição de quais tributos ela é contribuinte.

Segundo o art. 51 do CTN será contribuinte do IPI:

> I - o importador ou quem a lei a ele equiparar;
> II - o industrial ou quem a lei a ele equiparar;
> III - o comerciante de produtos sujeitos ao imposto, que os forneça aos contribuintes definidos no inciso anterior;
> IV - o arrematante de produtos apreendidos ou abandonados, levados a leilão.
> Parágrafo único. Para os efeitos deste imposto, considera-se contribuinte autônomo qualquer estabelecimento de importador, industrial, comerciante ou arrematante.

Nos termos do que dispõe o inciso I do art. 121 desse *codex*, "contribuinte" é o sujeito passivo da obrigação principal (pessoa física ou jurídica) que tem "relação pessoal e direta com a situação que constitua o respectivo fato gerador" do tributo.

Especificamente em relação ao IPI, será contribuinte qualquer pessoa, física ou jurídica, que realize, com habitualidade ou em volume que caracterize intuito comercial, operações com produtos industrializados, seja dando saída a produtos nacionais ou nacionalizados, seja importando bens industrializados de procedência estrangeira.

Como definido no Decreto nº 7.212/2010 (Ripi):

> Art. 21. Sujeito passivo da obrigação tributária principal é a pessoa obrigada ao pagamento do imposto ou penalidade pecuniária, e diz-se:
> I - contribuinte, quando tenha relação pessoal e direta com a situação que constitua o respectivo fato gerador; e
> II - responsável, quando, sem revestir a condição de contribuinte, sua obrigação decorra de expressa disposição de lei.

São obrigados ao pagamento do IPI como contribuinte, de acordo com o art. 24 do Ripi/2010:

> I - o importador, em relação ao fato gerador decorrente do desembaraço aduaneiro de produto de procedência estrangeira (Lei nº 4.502/1964, art. 35, inciso I, alínea "b");
> II - o industrial, em relação ao fato gerador decorrente da saída de produto que industrializar em seu estabelecimento, bem assim quanto aos demais fatos geradores decorrentes de atos que praticar (Lei nº 4.502/1964, art. 35, inciso I, alínea "a");
> III - o estabelecimento equiparado a industrial, quanto ao fato gerador relativo aos produtos que dele saírem, bem assim quanto aos demais fatos geradores decorrentes de atos que praticar (Lei nº 4.502/1964, art. 35, inciso I, alínea "a");
> IV - os que consumirem ou utilizarem em outra finalidade, ou remeterem a pessoas que não sejam empresas jornalísticas ou editoras, o papel destinado à impressão de livros, jornais e periódicos, quando alcançado pela imunidade prevista no inciso I do art. 18 do RIPI (Lei nº 9.532/1997, art. 40).

Prevê ainda esse artigo, em seu parágrafo único, a figura do contribuinte autônomo, definindo-o como "qualquer estabelecimento de importador, industrial ou comerciante, em relação a cada fato gerador que decorra de ato que praticar".

Como corolário, surge o sujeito passivo da obrigação acessória, ou seja, a pessoa obrigada às prestações ou informações que constituam o objeto do tributo. Um exemplo de obrigação acessória relativa ao IPI é a escrituração do livro de Apuração do IPI.

Responsáveis

Terceira pessoa vinculada ao contribuinte poderá ser considerada responsável tributário de IPI quando a lei atribuir a ela a responsabilidade pelo pagamento do imposto e demais acréscimos devidos, quanto aos atos ou omissões praticados que concorrerem para o não recolhimento do tributo.

São obrigados ao pagamento do imposto como responsáveis mais comuns: o transportador quando desacompanhado dos documentos de procedência da mercadoria; o detentor dos bens industrializados; o adquirente de produto sem a correta documentação fiscal.

Conforme se depreende da leitura do art. 25 da Ripi/2010 há extensa lista de eventuais responsáveis pelo IPI.[63]

[63] Ripi/2010: "Art. 25. São obrigados ao pagamento do imposto como responsáveis: I - o transportador, em relação aos produtos tributados que transportar, desacompanhados da documentação comprobatória de sua procedência (Lei nº 4.502, de 1964, art. 35, inciso II, alínea 'a'); II - o possuidor ou detentor, em relação aos produtos tributados que possuir ou mantiver para fins de venda ou industrialização, nas mesmas condições do inciso I (Lei nº 4.502, de 1964, art. 35, inciso II, alínea 'b'); III - o estabelecimento adquirente de produtos usados cuja origem não possa ser comprovada pela falta de marcação, se exigível, de documento fiscal próprio ou do documento a que se refere o art. 372 (Lei nº 4.502, de 1964, art. 35, inciso II, alínea 'b', e art. 43); IV - o proprietário, o possuidor, o transportador ou qualquer outro detentor de produtos nacionais, do Capítulo 22 e do Código 2402.20.00 da TIPI, saídos do estabelecimento industrial com imunidade ou suspensão do imposto, para exportação, encontrados no País em situação diversa, salvo se em trânsito, quando (Decreto-Lei nº 1.593, de 1977, art. 18, Lei nº 9.532, de 1997, art. 41, Lei nº 10.833, de 2003, art. 40, e Lei nº 11.371, de 28 de novembro de

É ainda responsável, por substituição, o industrial ou equiparado a industrial, mediante requerimento, em relação às operações anteriores, concomitantes ou posteriores às saídas que promover, nas hipóteses e condições estabelecidas pela Secretaria da Receita Federal do Brasil [Ripi/2010, art. 26].

A questão da substituição tributária (ST) será mais bem abordada em tópico adiante.

Campo de incidência

Após analisar o comando constitucional que informou o legislador infraconstitucional para instituir o imposto sobre produtos industrializados, convém analisar seu campo de

2006, art. 13): a) destinados a uso ou consumo de bordo, em embarcações ou aeronaves de tráfego internacional, com pagamento em moeda conversível (Decreto-Lei nº 1.593, de 1977, art. 8º, inciso I); b) destinados a lojas francas, em operação de venda direta, nos termos e condições estabelecidos pelo art. 15 do Decreto-Lei nº 1.455, de 7 de abril de 1976 (Decreto-Lei nº 1.593, de 1977, art. 8º, inciso II); c) adquiridos por empresa comercial exportadora, com o fim específico de exportação, e remetidos diretamente do estabelecimento industrial para embarque de exportação ou para recintos alfandegados, por conta e ordem da adquirente (Lei nº 9.532, de 1997, art. 39, inciso I e § 2º); ou d) remetidos a recintos alfandegados ou a outros locais onde se processe o despacho aduaneiro de exportação (Lei nº 9.532, de 1997, art. 39, inciso II); V - os estabelecimentos que possuírem produtos tributados ou isentos, sujeitos a serem rotulados ou marcados, ou ainda, ao selo de controle, quando não estiverem rotulados, marcados ou selados (Lei nº 4.502, de 1964, art. 62, e Lei nº 9.532, de 1997, art. 37, inciso V); VI - os que desatenderem as normas e requisitos a que estiver condicionada a imunidade, a isenção ou a suspensão do imposto (Lei nº 4.502, de 1964, art. 9º, § 1º, e Lei nº 9.532, de 1997, art. 37, inciso II); VII - a empresa comercial exportadora, em relação ao imposto que deixou de ser pago, na saída do estabelecimento industrial, referente aos produtos por ela adquiridos com o fim específico de exportação, nas hipóteses em que (Lei nº 9.532, de 1997, art. 39, § 3º): a) tenha transcorrido cento e oitenta dias da data da emissão da nota fiscal de venda pelo estabelecimento industrial, não houver sido efetivada a exportação (Lei nº 9.532, de 1997, art. 39, § 3º, alínea 'a'); b) os produtos forem revendidos no mercado interno (Lei nº 9.532, de 1997, art. 39, § 3º, alínea 'b'); ou c) ocorrer a destruição, o furto ou roubo dos produtos (Lei nº 9.532, de 1997, art. 39, § 3º, alínea 'c'); VIII - a pessoa física ou jurídica que não seja empresa jornalística ou editora, em cuja posse for encontrado o papel, destinado à impressão de livros, jornais e periódicos, a que se refere o inciso I do art. 18 (Lei nº 9.532, de 1997, art. 40, incidência em casos concretos. Nessa seara, destacam-se três hipóteses que suscitam divergência, tanto na doutrina quanto na jurisprudência, quais sejam: (1) importação por contribuinte não habitual do IPI; (2) a não incidência na revenda de mercadorias importadas; (3) a relação entre IPI e ISS.

Importação por contribuinte não habitual do IPI

Primeiramente, a questão perpassa pela análise do critério material de incidência na importação. Assim, no caso do inciso I do art. 46 do CTN, surge a controvérsia: qualquer pessoa que promova o desembaraço aduaneiro deve arcar com o recolhimento do IPI, independentemente do título jurídico a que se der a importação ou da finalidade a que se destine o produto?

Essa questão foi analisada pelos tribunais superiores segundo duas perspectivas: se pessoa jurídica ou física.

---

parágrafo único); IX - o estabelecimento comercial atacadista de produtos sujeitos ao regime de que trata a Lei nº 7.798, de 1989, que possuir ou mantiver produtos desacompanhados da documentação comprobatória de sua procedência, ou que deles der saída (Lei nº 7.798, de 1989, art. 4º, § 3º, e Medida Provisória nº 2.158-35, de 2001, art. 33); X - o estabelecimento industrial, relativamente à parcela do imposto devida pelos estabelecimentos equiparados de que tratam os incisos XI e XII do art. 9º, quanto aos produtos a estes fornecidos, na hipótese de aplicação do regime de que trata o art. 222, (Lei nº 10.833, de 2003, art. 58-F, inciso II, e Lei nº 11.727, de 2008, art. 32); XI - o estabelecimento comercial referido no inciso XIII do art. 9º, pelo imposto devido pelos estabelecimentos equiparados na forma dos incisos XI e XII daquele artigo, quanto aos produtos a estes fornecidos, na hipótese de aplicação do regime de que trata o art. 222 (Lei nº 10.833, de 2003, art. 58-G, inciso II, e Lei nº 11.727, de 2008, art. 32); e XII - o estabelecimento importador, relativamente à parcela do imposto devida pelos estabelecimentos equiparados de que tratam os incisos XIV e XV do art. 9º, quanto aos produtos a estes fornecidos, na hipótese de aplicação do regime de que trata o art. 222 (Lei nº 10.833, de 2003, art. 58-F, inciso II, e Lei nº 11.727, de 2008, art. 32). § 1º. Nos casos dos incisos I e II não se exclui a responsabilidade por infração do contribuinte quando este for identificado (Lei nº 4.502, de 1964, art. 35, § 1º, e Lei nº 9.430, de 27 de dezembro de 1996, art. 31). § 2º. Na hipótese dos incisos X, XI e XII, o imposto será devido pelo estabelecimento industrial ou encomendante ou importador no momento em que derem saída aos produtos sujeitos ao imposto conforme o regime de que trata o art. 222 (Lei nº 10.833, de 2003, art. 58-F, § 3º, art. 58-G, parágrafo único, e Lei nº 11.827, de 20 de novembro de 2008, art. 1º)".

Para as pessoas físicas, a importação de veículo para uso próprio foi o grande *leading case*, questão sedimentada pelo STJ, em 25 de janeiro de 2015, no bojo no REsp nº 1.396.488/SC,[64] em sede de recurso repetitivo.

Conforme o relator, ministro Humberto Martins, "o fato gerador da incidência do Imposto sobre Produtos Industrializados é o exercício de atividade mercantil ou assemelhada, quadro no qual não se encaixa o consumidor final, que importa o veículo para uso próprio e não para fins comerciais".

Além disso, foi invocado o princípio da não cumulatividade para afastar a incidência de IPI na importação de veículo automotor por pessoa física para uso próprio.

Entendeu o STJ que, nos termos do art. 49 do CTN, o valor pago na operação imediatamente anterior deve ser abatido no mesmo imposto em operação posterior. Assim, o princípio da não cumulatividade restaria violado, pela impossibilidade de compensação posterior, já que o particular não é contribuinte usual do IPI.

Nesse ponto, fazemos uma crítica ao argumento utilizado pelo STJ. Não há motivos para aplicação do princípio da não cumulatividade, pois o fato de não haver operação sucessiva que permita o abatimento do valor pago na importação não gera a presunção de que, nessa hipótese, será indevido. Do contrário, haveria a pura e simples exoneração do tributo, o que só pode ser feito mediante edição de lei.

Entretanto, o STF mudou todo esse entendimento ao analisar o Recurso Extraordinário nº 723.651/PR, ocasião em que se entendeu pela incidência do IPI na importação de veículo automotor pelo adquirente, nos seguintes termos:

---

[64] BRASIL. Superior Tribunal de Justiça. REsp nº 1.396.488/SC. Relator: ministro Humberto Martins Primeira Seção. Julgamento em 25 de fevereiro de 2015. *DJe*, 17 mar. 2015.

> IMPOSTO SOBRE PRODUTOS INDUSTRIALIZADOS – IMPORTAÇÃO DE BENS PARA USO PRÓPRIO – CONSUMIDOR FINAL. Incide, na importação de bens para uso próprio, o Imposto sobre Produtos Industrializados, sendo neutro o fato de tratar-se de consumidor final.[65]

A tese da não incidência de IPI para consumidor não habitual pessoa física ainda vai ser analisada pelo STF, no RE nº 732.651/RS, afetado pela sistemática da repercussão geral, cujo julgamento ainda está pendente.

Quanto às pessoas jurídicas contribuintes não habituais do IPI, a questão surgiu com a importação de equipamentos médicos para clínicas de radiologia e ultrassonografia.[66]

A sujeição passiva dessas empresas quanto ao IPI é matéria ainda não pacificada nos tribunais superiores. A Segunda Turma do STJ,[67] em 2013, proferiu entendimento no sentido de que o imposto sobre produtos industrializados é devido tão somente pelo desembaraço aduaneiro nas operações de importação, conforme disposto no art. 46, I, do CTN, e que a qualidade de contribuinte é atribuída à figura do importador não industrial, por equiparação, nos moldes do art. 51, I, do CTN.

Outro argumento que frequentemente é levantado para afirmar a incidência de IPI nas importações de bens para composição de ativo fixo é a indiferença, para a tributação pelo IPI, do local em que se dá o processo de industrialização – no território nacional ou no exterior –, materializando-se a regra

[65] BRASIL. Supremo Tribunal Federal. RE nº 723.651/PR. Relator: ministro Marco Aurélio. Tribunal Pleno. Julgamento em 4 de fevereiro de 2016. *DJe*, 5 ago. 2016.

[66] BRASIL. Superior Tribunal de Justiça. REsp nº 497.014/RN, Relatora: ministra Denise Arruda. Primeira Turma. Julgamento em 4 de maio de 2004. *DJ*, 31 maio 2004.

[67] BRASIL. Superior Tribunal de Justiça. REsp nº 1.369.395/RJ. Relator: ministro Mauro Campbell Marques. Segunda Turma. Julgamento em 5 de novembro de 2013. *DJe*, 12 nov. 2013.

matriz de incidência no momento do desembaraço aduaneiro do produto estrangeiro importado, ou melhor, no momento do registro da declaração de importação no Sistema Integrado de Comércio Exterior (Siscomex).[68]

A não incidência na revenda de mercadorias importadas

A não incidência de IPI na revenda de mercadorias importadas é uma discussão que gira em torno da dupla incidência do mesmo tributo (IPI), uma vez que o fato gerador ocorre tanto no desembaraço aduaneiro quanto na saída da mercadoria do estabelecimento importador.

Discute-se, portanto, se haveria bitributação no caso em que o produto importado sujeita-se a nova incidência do IPI na operação de revenda – saída do estabelecimento importador.

A jurisprudência da Segunda Turma do STJ parece estar bem sólida, na medida em que todos os precedentes são favoráveis à incidência do IPI na saída de produtos de procedência estrangeira, ante a ocorrência de fatos geradores distintos.[69]

Todavia, em junho de 2014, a Primeira Turma do STJ, no julgamento dos embargos de divergência no Recurso Especial nº 1.398.721/SC, decidiu que a incidência do IPI na revenda de mercadorias importadas configuraria bitributação.

De acordo com o voto vencedor do ministro Ari Pargendler, a essência do fato gerador do imposto sobre produtos industrializados está instituída no art. 46, parágrafo único, do CTN, cuja regra impede que o tributo incida sobre o acréscimo embutido em cada um dos estágios da circulação de produtos industrializados.

[68] BRASIL. Superior Tribunal de Justiça. REsp nº 794.352/RJ. Relator: ministro Castro Meira. Segunda Turma. Julgamento em 17 de novembro de 2009. *DJe*, 10 fev. 2010.
[69] REsp nº 1.429.656/PR, AgRg no REsp nº 1.423.457/PR, REsp nº 1.398.721/SC, REsp nº 1.247.788/SC, REsp nº 1.393.102/SC.

Recai apenas sobre o montante que, na operação tributada, tenha resultado da industrialização, assim considerada qualquer operação que importe na alteração da natureza, funcionamento, utilização, acabamento ou apresentação do produto, ressalvadas as exceções legais.

Assim, os incisos I e II do *caput* do art. 46 do CTN são excludentes, salvo se, entre o desembaraço aduaneiro e a saída do estabelecimento do importador, o produto tiver sido objeto de uma das formas de industrialização.

Todavia, embora este seja um precedente favorável aos contribuintes, pouco mais de um ano depois, a Primeira Seção do STJ reverteu o posicionamento acima, passando a entender que a referida cobrança seria válida. Nesse sentido, citamos o EREsp nº 1.403.532/SC,[70] julgado sob o rito dos recursos repetitivos do art. 1.036 do Código de Processo Civil de 2015 (correspondente ao art. 543-C do CPC de 1973).

IPI e ISS

A Lei Complementar (LC) nº 116/2003 inseriu novas sistemáticas no que concerne ao imposto sobre serviços de qualquer natureza (ISSQN). Entre as disposições introduzidas por essa lei complementar, a que apresenta maior complexidade refere-se à questão de conflito de incidência entre o IPI e o ISS, em razão da alteração da redação do antigo item 72 da lista de serviços anexa ao Decreto-Lei nº 406/1968 (na redação da LC nº 56/1987), agora subitem 14.05 da lista anexa à LC nº 116/2003.

O antigo item 72, mencionado acima, previa o seguinte:

[70] BRASIL. Superior Tribunal de Justiça. EREsp nº 1.403.532/SC. Relator: ministro Napoleão Nunes Maia Filho. Primeira Seção. Julgamento em 14 de outubro de 2012. Publicado em *DJe*, 18 dez. 2015.

> Recondicionamento, acondicionamento, pintura, beneficiamento, lavagem, secagem, tingimento, galvanoplastia, anodização, corte, recorte, polimento, plastificação e congêneres, de objetos não destinados à industrialização ou comercialização.

Por sua vez, o item 14.05 da atual norma de regência do ISSQN (LC nº 116/2003) dispõe:

> Restauração, recondicionamento, acondicionamento, pintura, beneficiamento, lavagem, secagem, tingimento, galvanoplastia, anodização, corte, recorte, polimento, plastificação e congêneres, de objetos quaisquer.

A alteração é substantiva, na medida em que exclui a ressalva contida no antigo item 72 que atribuía tratamento jurídico específico às atividades realizadas em objetos destinados à industrialização, afastando, portanto, a incidência do IPI.

Isso fez com que surgissem posicionamentos antagônicos por parte da Fazenda Nacional e das fazendas municipais sobre o ponto.

De acordo com o art. 4º do Ripi, aprovado pelo Decreto nº 7.212/2010, caracteriza-se industrialização "qualquer operação que modifique a natureza, o funcionamento, o acabamento, a apresentação ou a finalidade do produto, *ou o aperfeiçoe para consumo*", entre outras "a que importe em modificar, aperfeiçoar ou, de qualquer forma, alterar o funcionamento, a utilização, o acabamento ou a aparência do produto (*beneficiamento*)" (grifos nossos).

Não obstante existam diversas atividades que podem gerar conflito de incidência entre o IPI e o ISSQN, especialmente por conta da edição da LC nº 116/2003, a solução para o impasse consiste na estrita observância quanto à destinação final do produto.

Encontrando-se a atividade de beneficiamento, por exemplo, inserida em processo industrial, resultando em um produto industrializado a ser posteriormente comercializado, será essa operação tida como industrial, ensejando a incidência do IPI. De outra banda, se o beneficiamento for realizado em decorrência de encomenda feita pelo consumidor, para atender a necessidades específicas suas, receberá tal operação a qualificação jurídica de prestação de serviço, sujeitando-se ao ISSQN.

Questões de automonitoramento

1) Após ler o material, você é capaz de resumir os casos geradores do capítulo 5, identificando as partes envolvidas, os problemas atinentes e as soluções cabíveis?
2) O preparo de refrigerantes, à base de extrato concentrado, por meio de máquinas, automáticas ou não, em restaurantes, bares e estabelecimentos similares, para venda direta a consumidor constitui processo de industrialização para fins de IPI?
3) Estabelecimento que execute operação considerada industrialização de que resulte produto tributado, mas que possua alíquota zero, poderá ser considerado estabelecimento industrial?
4) Pense e descreva, mentalmente, alternativas para a solução dos casos geradores do capítulo 5.

3

IPI: fato gerador, base de cálculo e suspensão – a incidência na importação

Roteiro de estudo

Introdução

No capítulo precedente, iniciamos o estudo do imposto sobre operações com produtos industrializados (IPI). Preliminarmente, abordamos uma visão geral do referido tributo, conferindo ênfase à incidência e às peculiaridades dos princípios constitucionais, como a desvinculação dos princípios da anterioridade e da estrita legalidade, bem como da seletividade obrigatória.[71]

Ultrapassado aquele momento inicial, estabelecemos a conceituação do que entendemos sejam noções elementares à adequada compreensão desse ponto da matéria, como o que se entende por produto industrializado, industrialização, estabelecimento industrial e as equiparações obrigatórias e opcionais a esses estabelecimentos.

---

[71] Ver o capítulo 2.

Construídas as bases seguras da matéria, passamos, ainda no capítulo 2, ao estudo do campo da incidência, das hipóteses de imunidade, dos contribuintes e dos responsáveis.

Resta-nos a abordagem quanto ao fato gerador, à base de cálculo, às alíquotas e aos créditos básicos referentes ao IPI. Analisaremos, ainda, situações que vêm sendo suscitadas na jurisprudência pátria, merecendo uma abordagem especial, como o conflito de incidência entre o IPI e o ISSQN, a incidência do IPI no acoplamento de motor a lancha, o crédito presumido no IPI, o selo de controle do IPI, a questão da incidência do IPI nas embalagens e o IPI e o creditamento de energia elétrica.

Passaremos, então, ao plano de estudo proposto acima.

Fato gerador

O fato gerador da obrigação principal, segundo o art. 114 do Código Tributário Nacional (CTN), é a situação definida em lei como necessária e suficiente à sua ocorrência.

Conforme exposto nos capítulos precedentes, ainda de acordo com o CTN (art. 46), o imposto sobre produtos industrializados tem como fato gerador:

> I - o seu desembaraço aduaneiro, quando de procedência estrangeira;
> II - a sua saída dos estabelecimentos a que se refere o parágrafo único do artigo 51 [estabelecimento industrial[72] ou a ele equiparado];
> III - a sua arrematação, quando apreendido ou abandonado e levado a leilão.

[72] Ripi/2010: "Art. 8º. Estabelecimento industrial é o que executa qualquer das operações referidas no art. 4º, de que resulte produto tributado, ainda que de alíquota zero ou isento (Lei nº 4.502, de 1964, art. 3º)". Os arts. 9º a 13 desse diploma tratam dos estabelecimentos industriais por equiparação. Relembre-se que abordamos esses institutos no capítulo precedente, para o qual remetemos o leitor.

No que concerne a essa última hipótese de fato gerador do IPI (com base no CTN), qual seja, a arrematação, devemos ressaltar que a Lei nº 4.502/1964, com as posteriores alterações, não a contempla mais.

Assim, o atual Regulamento do IPI (Ripi – Decreto nº 7.212/2010) prevê duas hipóteses de ocorrência do fato gerador do imposto (art. 35):

> Art. 35. [...]
> I - o desembaraço aduaneiro de produto de procedência estrangeira; ou
> II - a saída de produto do estabelecimento industrial, ou equiparado a industrial.
> Parágrafo único. Para efeito do disposto no inciso I, considerar-se-á ocorrido o respectivo desembaraço aduaneiro da mercadoria que constar como tendo sido importada e cujo extravio ou avaria venham a ser apurados pela autoridade fiscal, inclusive na hipótese de mercadoria sob regime suspensivo de tributação.

O fato gerador é tido por ocorrido, com espeque no art. 36 do Ripi/2010.[73]

---

[73] Ripi/2010: "Art. 36. [...] I - na entrega ao comprador, quanto aos produtos vendidos por intermédio de ambulantes; II - na saída de armazém-geral ou outro depositário do estabelecimento industrial ou equiparado a industrial depositante, quanto aos produtos entregues diretamente a outro estabelecimento; III - na saída da repartição que promoveu o desembaraço aduaneiro, quanto aos produtos que, por ordem do importador, forem remetidos diretamente a terceiros; IV - na saída do estabelecimento industrial diretamente para estabelecimento da mesma firma ou de terceiro, por ordem do encomendante, quanto aos produtos mandados industrializar por encomenda; V - na saída de bens de produção dos associados para as suas cooperativas, equiparadas, por opção, a estabelecimento industrial; VI - no quarto dia da data da emissão da respectiva nota fiscal, quanto aos produtos que até o dia anterior não tiverem deixado o estabelecimento do contribuinte; VII - no momento em que ficar concluída a operação industrial, quando a industrialização se der no próprio local de consumo ou de utilização do produto, fora do estabelecimento industrial; VIII - no início do consumo ou da utilização do papel destinado à impressão de livros, jornais e periódicos, em finalidade diferente da

> Na hipótese de venda, exposição à venda, ou consumo no território nacional, de produtos destinados ao exterior, ou na hipótese de descumprimento das condições estabelecidas para a isenção ou a suspensão do imposto, considerar-se-á ocorrido o fato gerador na data da saída dos produtos do estabelecimento industrial ou equiparado a industrial [Ripi/2010, art. 37].

Neste momento, cabe lembrar que um mesmo estabelecimento industrial pode fazer as duas coisas, isto é, importar e depois dar saída de um produto.

Cumpre ressaltar que o IPI será devido independentemente das finalidades a que se destine o produto ou do título jurídico a que se faça a importação ou de que decorra a saída do estabelecimento produtor. No entanto, é de suma importância a análise das hipóteses legais que ressalvam a ocorrência do fato gerador. Essas situações encontram-se elencadas no art. 38 do Ripi/2010 e não constituem fato gerador do imposto.[74]

---

que lhe é prevista na imunidade, ou na saída do fabricante, do importador ou de seus estabelecimentos distribuidores, para pessoas que não sejam empresas jornalísticas ou editoras; IX - na aquisição ou, se a venda tiver sido feita antes de concluída a operação industrial, na conclusão desta, quanto aos produtos que, antes de sair do estabelecimento que os tenha industrializado por encomenda, sejam por este adquiridos; X - na data da emissão da nota fiscal pelo estabelecimento industrial, quando da ocorrência de qualquer das hipóteses enumeradas no RIPI; XI - no momento da sua venda, quanto aos produtos objeto de operação de venda que forem consumidos ou utilizados dentro do estabelecimento industrial; XII - na saída simbólica de álcool das usinas produtoras para as suas cooperativas, equiparadas, por opção, a estabelecimento industrial; XIII - na data do vencimento do prazo de permanência da mercadoria no recinto alfandegado, antes de aplicada a pena de perdimento, quando as mercadorias importadas forem consideradas abandonadas pelo decurso do referido prazo".

[74] Ripi/2010: "Art. 38. [...] I - o desembaraço aduaneiro de produto nacional que retorne ao Brasil, nos seguintes casos: a) quando enviado em consignação para o exterior e não vendido nos prazos autorizados; b) por defeito técnico que exija sua devolução, para reparo ou substituição; c) em virtude de modificações na sistemática de importação do país importador; d) por motivo de guerra ou calamidade pública; e e) por quaisquer outros fatores alheios à vontade do exportador; II - as saídas de produtos subsequentes à primeira: a) nos casos de locação ou arrendamento, salvo se o produto tiver sido submetido a nova industrialização; ou b) quando se tratar de bens do ativo permanente,

Para a perfeita compreensão da disciplina da incidência do IPI, faz-se mister a correta interpretação acerca das expressões "produto", "mercadoria" e "industrialização", utilizadas no CTN.

"Produto" é o bem que se encontra disponível para aquele que o industrializa. Já "mercadoria" consiste em uma terminologia empregada nos casos em que o industrial aliena o produto industrializado ao comerciante.

Por sua vez, entende-se por *industrialização* "qualquer operação que modifique a natureza, o funcionamento, o acabamento, a apresentação ou a finalidade do produto, ou o aperfeiçoe para consumo" (art. 4º, *caput*, do Ripi/2010), tal como a transformação,[75] o beneficiamento,[76] a montagem,[77] o acondicionamento ou reacondicionamento[78] e a renovação ou recondicionamento.[79]

Base de cálculo

A base de cálculo, junto com a alíquota, representa o elemento quantitativo do tributo. No caso de saída de mercadoria

---

industrializados ou importados pelo próprio estabelecimento industrial ou equiparado a industrial, destinados à execução de serviços pela própria firma remetente; III - a saída de produtos incorporados ao ativo permanente, após cinco anos de sua incorporação, pelo estabelecimento industrial, ou equiparado a industrial, que os tenha industrializado ou importado; ou IV - a saída de produtos por motivo de mudança de endereço do estabelecimento".

[75] Operação "exercida sobre matérias-primas ou produtos intermediários que importe na obtenção de espécie nova" (art. 4º, I, do Ripi).

[76] Operação que "importe em modificar, aperfeiçoar ou, de qualquer forma, alterar o funcionamento, a utilização, o acabamento ou a aparência do produto" (art. 4º, II, do Ripi).

[77] Operação "que consista na reunião de produtos, peças ou partes e de que resulte um novo produto ou unidade autônoma, ainda que sob a mesma classificação fiscal" (art. 4º, III, do Ripi).

[78] Operação que "importe em alterar a apresentação do produto, pela colocação da embalagem, ainda que em substituição da original, salvo quando a embalagem colocada se destine apenas ao transporte da mercadoria" (art. 4º, IV, do Ripi).

[79] Operação que, "exercida sobre produto usado ou parte remanescente de produto deteriorado ou inutilizado, renove ou restaure o produto para utilização" (art. 4º, V, do Ripi).

para estabelecimento localizado em outro estado da Federação, pertencente ao mesmo titular, a base de cálculo do imposto será o valor correspondente à entrada mais recente da mercadoria, sendo o custo da mercadoria produzida, assim entendida, a soma do custo da matéria-prima, do material secundário, da mão de obra e do acondicionamento.

Em relação ao IPI, serão acrescentados à base de cálculo os valores cobrados do adquirente ou destinatário do produto, como o IOF e os demais encargos cambiais no caso de importação de produtos.

Com base no art. 47 do CTN, concluímos que a base de cálculo do IPI será: (1) em se tratando de desembaraço aduaneiro, será o preço normal, como definido no inciso II do art. 20, acrescido do montante do imposto sobre a importação, das taxas exigidas para entrada do produto no país e dos encargos cambiais efetivamente pagos pelo importador ou dele exigíveis; (2) nos casos de saída dos estabelecimentos, corresponderá ao valor da operação de que decorrer a saída da mercadoria ou, na falta desse valor, o preço corrente da mercadoria, ou sua similar, no mercado atacadista da praça do remetente.

No REsp nº 1.149.424/BA, foi debatida a possibilidade da exclusão dos descontos incondicionais concedidos pelos fabricantes da base de cálculo da exação, mesmo que se adote o regime de valor fixo.

No julgado em apreço, o Superior Tribunal de Justiça (STJ) distinguiu os regimes "de pauta fiscal" e "de valor fixo", correspondendo aquele à fixação prévia e aleatória de preços, com a adoção de base de cálculo dissociada do efetivo valor econômico do fenômeno tributário, e este na utilização dos valores médios das operações realizadas no mercado (de acordo com levantamentos periódicos do Ministério da Fazenda), presumindo-se o valor da operação (art. 47 do CTN) mediante a adoção de critérios legais.

Assim, conclui-se que, de acordo com o art. 47, II, "a", do CTN, a base de cálculo do IPI, para a hipótese em análise, é o valor da operação de que decorrer a saída da mercadoria, que, segundo a jurisprudência consolidada dessa Corte, deve corresponder exatamente ao valor da operação realizada, não se admitindo a incidência do tributo sobre preços fictícios, salvo na hipótese do art. 148 do CTN (arbitramento) e art. 2º, § 3º, da Lei nº 7.798/1989 (enquadramento ou reenquadramento, quando ausentes, incompletas ou incorretas as informações do contribuinte acerca do produto).

A Lei nº 7.798/1989, ao conferir nova redação ao § 2º do art. 14 da Lei nº 4.502/1964 (Ripi), impediu que se deduzissem do valor da operação os descontos, diferenças ou abatimentos concedidos a qualquer título, ainda que incondicionalmente.

Neste sentido, registre-se o posicionamento de Hugo de Brito Machado:

> Ocorre que efetivamente não se deduz um desconto incondicional do valor da operação. Na verdade, ao conceder o vendedor, ao comprador, um desconto incondicional, está sendo determinado o valor da operação que na hipótese de venda mercantil é o preço. O valor da operação é o preço, que é determinado pelo encontro de vontades do vendedor e do comprador. Ao ser determinado, já não se pode mais falar de desconto incondicional, porque este foi um dos elementos usados nessa determinação.
>
> Constitui, aliás, por isto mesmo, inadmissível incongruência dizer que a base de cálculo do imposto é o valor da operação da qual decorra a saída do produto e estabelecer ao, mesmo tempo, que os descontos incondicionais integram essa base de cálculo. O valor da operação é o preço enquanto elemento do contrato de compra e venda, que não se confunde com o preço fixado em tese, através de tabela oficial, ou elaborada pelo próprio vendedor, para o produto. O valor da

operação é definido exatamente pelo contrato de compra e venda, no qual se estabelece um preço, que é o acertado pelas partes. Em se tratando de uma venda à vista, por exemplo, na qual o vendedor concedeu um desconto relativamente ao preço de tabela do produto, o valor da operação é o preço efetivo, vale dizer, o preço de tabela menos o desconto incondicional.

> Por tais razões temos que a norma segundo a qual os descontos concedidos incondicionalmente integram a base de cálculo do IPI é desprovida de validade jurídica, porque é contrária ao art. 47 do Código Tributário Nacional. Esta tese, que já vínhamos sustentando em edições anteriores deste Curso, hoje está acolhida pela jurisprudência.
>
> A rigor, todo e qualquer desconto é sempre concedido em função de uma condição do negócio, pois se pressupõe que o preço preestabelecido é uma regra, e toda vez que se pratica preço menor se estará diante de uma exceção. Ocorre que a condição que enseja o desconto já está realizada no momento em que se define o valor da operação, de sorte que este não vai ficar a depender de evento futuro e incerto. Por ser o desconto concedido sob condição, há de ser entendido, portanto, no sentido de que a sua efetividade e, consequentemente, o valor da operação, fica a depender de um evento futuro e incerto.[80]

Ao impedir a dedução dos descontos incondicionais do valor da operação, a Lei nº 7.798/1989 modificou a base de cálculo da exação, permitindo a incidência sobre base de cálculo fictícia, em flagrante contrariedade à disposição contida no art. 47, II, "a", do CTN.

[80] MACHADO, Hugo de Brito. *Curso de direito tributário*. 25. ed. rev., atual. e ampl. São Paulo: Malheiros, 2005. p. 335-336.

O STJ já se manifestou, em diversas oportunidades,[81] pela possibilidade de dedução dos descontos incondicionais da base de cálculo do IPI.

A dedução dos descontos incondicionais não é permitida quando a incidência do tributo se dá sobre valor previamente fixado, nos moldes da Lei nº 7.798/1989 (regime de preços fixos), salvo se o resultado dessa operação for idêntico àquele a que se chegaria com a incidência do imposto sobre o valor efetivo da operação, depois de realizadas as deduções pertinentes.

Alíquota

Como visto, o IPI pauta-se, obrigatoriamente,[82] pelo princípio da seletividade. Desse modo, sua alíquota deverá variar em função da essencialidade do produto, ou seja, os bens essenciais têm uma alíquota menor do que os bens supérfluos. Isso justifica as elevadas alíquotas do IPI incidentes sobre cigarros (aproximadamente 330%) e bebidas (aproximadamente 60%), produtos esses considerados nocivos à saúde humana.

Conforme já abordado, o IPI não se submete ao princípio da anterioridade, conforme preceitua o § 1º do art. 150 da Constituição Federal, em razão de sua natureza extrafiscal, sendo permitida ao Poder Executivo[83] a redução das alíquotas do

[81] BRASIL. Superior Tribunal de Justiça. REsp nº 477.525/GO. Relator: ministro Luiz Fux. Primeira Turma. Julgamento em 5 de junho de 2003. *DJ*, 23 jun. 2003. REsp nº 318.639/RJ. Relator: ministro Francisco Peçanha Martins. Segunda Turma. Julgamento em 15 de setembro de 2005. *DJ*, 21 nov. 2005. REsp nº 639.632/PR. Relator: ministro Teori Albino Zavascki. Primeira Turma. Julgamento em 16 de maio de 2006. *DJ*, 25 maio 2006. REsp nº 908.411/RN. Relator: ministro Castro Meira. Segunda Turma. Julgamento em 19 de agosto de 2008. *DJe*, 11 set. 2008. AgRg no REsp nº 671.054/PR. Relator: ministro Humberto Martins. Segunda Turma. Julgamento em 17 de março de 2009. *DJe*, 14 abr. 2009.

[82] Art. 153, § 3º, da CRFB/1988.

[83] Também representa exceção à legalidade tributária, por decorrência de sua natureza extrafiscal, exigindo celeridade em relação à sua variação (aumento e diminuição).

imposto até zero ou sua majoração até 30 unidades percentuais (art. 69 do Ripi/2010).

No entanto, deverá ser observado o princípio da anterioridade nonagesimal, prevista no art. 153, III, "c", da Constituição Federal, pois as hipóteses excepcionais em que ele não incide não contemplam o IPI, sendo certo que o aumento da alíquota do IPI somente terá vigência após 90 dias da data da publicação da norma que a majorou.

A tabela de incidência do imposto sobre produtos industrializados (Tipi) prevê, de forma minuciosa e pormenorizada, a relação dos produtos e das respectivas alíquotas de incidência, sendo certo que as alíquotas são classificadas como "não tributadas" (NT), "alíquota zero", "alíquota 'ex' – exceção" e "alíquota máxima".

Créditos básicos

Conforme analisado no capítulo anterior, o princípio da não cumulatividade (art. 153, § 3º, II, da CRFB/1988) significa que o imposto pago em operações anteriores representa um crédito compensável, que poderá ser utilizado para fins de abatimento do montante correspondente ao valor do IPI devido em operação posterior.

O princípio em comento caracteriza-se pelo crédito do imposto na aquisição de matérias-primas e produtos intermediários, material de embalagens e outros bens que, embora não se integrando ao novo produto, forem consumidos no processo

O § 1º do art. 153 da Constituição autoriza o Poder Executivo a proceder às alterações das alíquotas do IPI, independentemente da edição de lei nesse sentido. Crucial é percebermos que essa autorização somente incide em relação à alíquota e não à base de cálculo, que é objeto de reserva legal (art. 97 do CTN). Ainda em relação à alteração das alíquotas pelo Poder Executivo, registramos que o STF já se pronunciou favorável à delegação do presidente a seus ministros e auxiliares (RE nº 224.285/CE).

de industrialização, salvo se compreendidos entre os bens do ativo permanente, para ser abatido do débito relativo à venda do produto.

Nesse sentido, dispõe o art. 225 do Ripi/2010 que "a não cumulatividade é efetivada pelo sistema de crédito", atribuído ao contribuinte, do imposto relativo a produtos entrados no seu estabelecimento, "para ser abatido do que for devido pelos produtos dele saídos, num mesmo período".[84]

O crédito compensável decorrente do imposto cobrado na entrada de matérias-primas mais outros insumos do estabelecimento do contribuinte também pode ser utilizado para anular o débito do imposto referente a produtos saídos do estabelecimento e a estes devolvidos ou retornados.

Durante o período de apuração do imposto, os contribuintes contabilizam "entradas" e "saídas", gerando, respectivamente, créditos e débitos. Abatendo-se dos débitos os créditos, alcança-se, ao fim do período, o imposto devido. Se houver mais créditos do que débitos, não há imposto a pagar, mas sim créditos a transferir para o período subsequente.

A não cumulatividade é aplicada por operações em cada período, e não por produto, mesmo porque alguns insumos utilizados no processo de industrialização perdem totalmente suas características a partir do momento em que passam a integrar um novo produto acabado.

O Ripi/2010, para fins de distinção, classifica os créditos escriturais do imposto nas seguintes categorias:[85] créditos básicos (arts. 226 a 228); créditos por devolução ou retorno de produtos (arts. 229 a 235); créditos como incentivos (arts. 236

[84] Geralmente, esse período é mensal.

[85] Em razão da limitação de páginas, estudaremos, neste capítulo, apenas os créditos básicos.

a 239); créditos de outra natureza (art. 240); e créditos presumidos (arts. 241 a 250).

Créditos básicos são aqueles diretamente associados ao princípio da não cumulatividade e ao processo de industrialização, cuja titularidade é do estabelecimento industrial ou equiparado. São as matérias-primas, os produtos intermediários e os materiais de embalagem, adquiridos para emprego na industrialização de produtos tributados, incluindo-se, entre as matérias-primas e os produtos intermediários, aqueles que, embora não se integrando ao novo produto, forem consumidos no processo de industrialização, salvo se compreendidos entre os bens do ativo permanente (art. 226, I, do Ripi/2010).

Nesse sentido, dispõe o art. 226 do Ripi/2010 que os estabelecimentos industriais e os que lhe forem equiparados poderão creditar-se:

> I - do imposto relativo a matéria-prima, produto intermediário e material de embalagem, adquiridos para emprego na industrialização de produtos tributados, incluindo-se, entre as matérias-primas e os produtos intermediários, aqueles que, embora não se integrando ao novo produto, forem consumidos no processo de industrialização, salvo se compreendidos entre os bens do ativo permanente;
> II - do imposto relativo a matéria-prima, produto intermediário e material de embalagem, quando remetidos a terceiros para industrialização sob encomenda, sem transitar pelo estabelecimento adquirente;
> III - do imposto relativo a matéria-prima, produto intermediário e material de embalagem, recebidos de terceiros para industrialização de produtos por encomenda, quando estiver destacado ou indicado na nota fiscal;
> IV - do imposto destacado em nota fiscal relativa a produtos industrializados por encomenda, recebidos do estabelecimento que os industrializou, em operação que dê direito ao crédito;

V - do imposto pago no desembaraço aduaneiro;
VI - do imposto mencionado na nota fiscal que acompanhar produtos de procedência estrangeira, diretamente da repartição que os liberou, para estabelecimento, mesmo exclusivamente varejista, do próprio importador;
VII - do imposto relativo a bens de produção recebidos por comerciantes equiparados a industrial;
VIII - do imposto relativo aos produtos recebidos pelos estabelecimentos equiparados a industrial que, na saída destes, estejam sujeitos ao imposto, nos demais casos não compreendidos nos incisos V a VII;
IX - do imposto pago sobre produtos adquiridos com imunidade, isenção ou suspensão quando descumprida a condição, em operação que dê direito ao crédito; e
X - do imposto destacado nas notas fiscais relativas a entregas ou transferências simbólicas do produto, permitidas neste Regulamento.
Parágrafo único. Nas remessas de produtos para armazém-geral ou depósito fechado, o direito ao crédito do imposto, quando admitido, é do estabelecimento depositante.

Os estabelecimentos industriais e os que lhes são equiparados poderão, ainda, creditar-se do imposto relativo a matéria-prima, produto intermediário e material de embalagem adquiridos de comerciante atacadista não contribuinte, calculado pelo adquirente, mediante aplicação da alíquota a que estiver sujeito o produto, sobre 50% do seu valor constante da respectiva nota fiscal.

É imperioso destacarmos a ressalva constante do art. 228 do Ripi, na medida em que as aquisições de produtos de estabelecimentos optantes pelo Simples Nacional não dão ensejo, aos adquirentes, do direito à fruição de crédito do imposto relativo a matéria-prima, produto intermediário e material de embalagem.

Ainda, como disposto no art. 227 do Ripi/2010:

> Os estabelecimentos industriais, e os que lhes são equiparados, poderão, ainda, creditar-se do imposto relativo a matéria-prima, produto intermediário e material de embalagem, adquiridos de comerciante atacadista não contribuinte, calculado pelo adquirente, mediante aplicação da alíquota a que estiver sujeito o produto, sobre cinquenta por cento do seu valor constante da respectiva nota fiscal.

É imperioso destacar a ressalva constante do art. 228 do Ripi/2010, visto que

> as aquisições de produtos de estabelecimentos optantes pelo Simples Nacional que trata o art. 177[86] não ensejarão aos adquirentes direito a fruição de crédito do imposto relativo a matéria-prima, produto intermediário e material de embalagem

Discussões relevantes

IPI e acoplamento de motor à lancha

Ao analisar o parágrafo único do art. 46 do CTN e o art. 3º da Lei nº 4.502/1964, Marcelo Guerra Martins aponta:

---

86 Ripi/2010: "Art. 177. A microempresa e empresa de pequeno porte contribuinte do imposto, optante pelo Regime Especial Unificado de Arrecadação de Tributos e Contribuições devidos pelas Microempresas e Empresas de Pequeno Porte – Simples Nacional e que atenda ao disposto na Lei Complementar nº 123, de 2006, deverá recolher o imposto mensalmente em conjunto com os demais impostos e contribuições, nos termos especificados na referida Lei Complementar (Lei Complementar nº 123, de 2006, arts. 12 e 13, inciso II). Parágrafo único. O recolhimento do imposto na forma do *caput* não exclui a incidência do imposto devido no desembaraço aduaneiro dos produtos de procedência estrangeira (Lei Complementar nº 123, de 2006, art. 13, inciso II, e § 1º)".

> Será considerado industrializado o produto que sofrer transformação, beneficiamento, montagem, acondicionamento e renovação ou recondicionamento, excluindo-se o conserto de máquinas, aparelhos e objetos pertencentes a terceiros e, ainda, o acondicionamento com vistas apenas ao transporte do produto. [...]
>
> Conforme Eduardo Domingos Bottallo: Há de destacar-se, ainda, que, para os fins do IPI, produto é o resultado de uma elaboração industrial, o que exclui as realizações de cunho artístico, as obras artesanais, assim como os bens resultantes de processos extrativistas.[87]

Para que uma operação de montagem seja considerada industrialização para efeito de IPI, é necessário que ela gere um novo produto ou unidade autônoma, no qual as partes e peças reunidas não mantenham suas características individuais, notadamente em termos de classificação fiscal, de modo que o conjunto passa a ter classificação fiscal própria e única, ainda que seja a mesma de alguma das partes que o compõem. Se o produto resultante da montagem, em face das regras de classificação fiscal vigentes, não puder ser classificado como um todo, inexistirá industrialização tributada pelo IPI.[88]

O STJ analisou se a instalação de um motor a um casco de uma embarcação (lancha) caracterizaria o fato gerador do IPI, implicando uma operação industrial de montagem. Partindo-se da premissa de que o fato que ensejaria a operação de industrialização seria a geração de um novo produto ou unidade

---

[87] MARTINS, Marcelo Guerra. *Impostos e contribuições federais*. Rio de Janeiro: Renovar, 2004. p. 268-269.

[88] ZOMER, Antônio; PEIXOTO, Marcelo Magalhães; DOMINGO, Luiz Roberto (Coord.). *Regulamento do IPI*: imposto sobre produtos industrializados – anotado e comentado. São Paulo: MP, 2008. p. 33-34.

autonomamente considerada, concluiu-se pela necessidade de constatar se tal conjunto passa a ter, ou não, outra denominação para fins de classificação fiscal.

Nesse diapasão, entendeu a Primeira Turma do STJ, diante da análise do REsp nº 931.031/RS, que, uma vez confirmado através de perícia que a reunião das unidades autônomas não se enquadraria em um novo produto, para fins de classificação fiscal da Tipi, não há que falar, assim, em incidência do IPI

> PROCESSUAL CIVIL E TRIBUTÁRIO. RECURSO ESPECIAL. ALEGADA VIOLAÇÃO DO ART. 535 DO CPC. NÃO OCORRÊNCIA. IMPOSTO SOBRE PRODUTOS INDUSTRIALIZADOS – IPI. LANCHA. MONTAGEM DE MOTOR AO CASCO DA EMBARCAÇÃO. INDUSTRIALIZAÇÃO NÃO CARACTERIZADA. INEXISTÊNCIA DE GERAÇÃO DE UM NOVO PRODUTO COM DENOMINAÇÃO PRÓPRIA, PARA FINS DA CLASSIFICAÇÃO NA TIPI. IMPOSSIBILIDADE DE INCIDÊNCIA DO IMPOSTO PREVISTO NO ART. 46 DO CTN. INTELIGÊNCIA DOS ARTS. 3º, DA LEI 4.502/1964, E 3º, CAPUT E INCISO III, DO DECRETO 87.981/1982.
>
> 1. Não viola o art. 535 do CPC, tampouco nega a prestação jurisdicional, o acórdão que, mesmo sem ter examinado individualmente cada um dos argumentos trazidos pelo vencido, adotou, entretanto, fundamentação suficiente para decidir de modo integral a controvérsia.
>
> 2. Partindo-se da premissa de que o fato que ensejaria a operação de industrialização (montagem) seria a geração de um novo produto ou unidade autonomamente considerada, torna-se indispensável constatar se tal conjunto passa a ter, ou não, outra denominação para fins de classificação fiscal.
>
> 3. Tendo ficado caracterizado nos autos, de acordo com o laudo pericial realizado, que a reunião das unidades autônomas não

se enquadraria em um novo produto, para fins de classificação fiscal da TIPI, não há falar, assim, em incidência do IPI.
4. Recurso especial desprovido.[89]

Crédito presumido

Conforme noticiado no Informativo de Jurisprudência nº 473, de 25 a 29 de junho de 2007, do Supremo Tribunal Federal (STF),

> o Tribunal concluiu julgamento de questão de ordem suscitada pelo Min. Ricardo Lewandowski em dois recursos extraordinários interpostos pela União contra acórdãos do TRF da 4ª Região que reconheceram o direito do contribuinte do IPI de creditar-se do valor do tributo na aquisição de insumos favorecidos pela alíquota zero e pela não tributação. [...] No mérito, o tribunal, por maioria, rejeitou a questão de ordem, mantendo a eficácia das decisões tal como proferidas. Asseverou-se, em relação ao RE nº 353.657/PR, a inadequação da questão de ordem, tendo em conta que, ante o julgamento do recurso extraordinário, restara indeferido o mandado de segurança, cujo pedido se limitara ao período de janeiro de 1996 a agosto de 1998. Assim, a modulação implicaria indevido ganho de causa ao contribuinte, considerado o período transcorrido até 15 de fevereiro de 2007, data do provimento do recurso da União, e eficácia do pronunciamento a partir de então.
> [...]
> Quanto ao RE 370682/SC, entendeu-se que a situação concreta não seria favorável à observância, por analogia, do disposto no art. 27 da Lei 9.868/99, haja vista que, além de sua aplicação reclamar a declaração de inconstitucionalidade de lei ou ato normativo, o que não ocorrera na espécie, a fixação de um termo inicial de

[89] BRASIL. Superior Tribunal de Justiça. REsp nº 931.031/RS. Relatora: ministra Denise Arruda. Primeira Turma. Julgamento em 21 de maio de 2009. *DJe*, 24 jun. 2009.

vigência do entendimento do Plenário resultaria em mitigação da Constituição Federal e injustiça, porquanto os contribuintes que ingressaram em juízo obteriam o direito ao crédito retroativamente aos 5 anos anteriores ao ajuizamento da ação, enquanto que os que assim não procederam restariam prejudicados, considerada a incidência dos institutos da prescrição e da decadência. Aduziu-se, ademais, no que tange à segurança jurídica, que o tema sobre o creditamento não chegara a ser pacificado no Tribunal, porquanto os acórdãos nos quais fora reconhecido o direito ao crédito ainda não teriam transitado em julgado, e que, nos casos em que o Plenário fixara como termo inicial da eficácia a data do julgamento, fora proclamada a inconstitucionalidade do diploma legal em causa. Afirmou-se que a segurança jurídica estaria na proclamação do resultado dos julgamentos tal como formalizados, dando-se primazia à Constituição Federal e exercendo o Supremo o papel de preservar esta e os princípios que a ela são ínsitos, como o da razoabilidade e do terceiro excluído.

IPI – INSUMO – ALÍQUOTA ZERO – AUSÊNCIA DE DIREITO AO CREDITAMENTO. Conforme disposto no inciso II do § 3º do artigo 153 da Constituição Federal, observa-se o princípio da não cumulatividade compensando-se o que for devido em cada operação com o montante cobrado nas anteriores, ante o que não se pode cogitar de direito a crédito quando o insumo entra na indústria considerada a alíquota zero. IPI – INSUMO – ALÍQUOTA ZERO – CREDITAMENTO – INEXISTÊNCIA DO DIREITO – EFICÁCIA. Descabe, em face do texto constitucional regedor do Imposto sobre Produtos Industrializados e do sistema jurisdicional brasileiro, a modulação de efeitos do pronunciamento do Supremo, com isso sendo emprestada à Carta da República a maior eficácia possível, consagrando-se o princípio da segurança jurídica.[90]

[90] BRASIL. Superior Tribunal de Justiça. RE nº 353.657/PR. Relator: ministro Marco Aurélio. Tribunal Pleno. Julgamento em 25 de junho de 2007. *DJ*, 6 mar. 2008.

Selo de controle do IPI

Originou-se o selo do IPI da Lei nº 4.502/1964, que dispunha sobre o imposto de consumo, atualmente designado por imposto sobre produtos industrializados (IPI), prevendo, no art. 46, *caput* e § 1º:

> Art. 46. O regulamento poderá determinar ou autorizar que o Ministério da Fazenda, pelo seu órgão competente, determine a rotulagem, marcação ou numeração, pelos importadores, arrematantes, comerciantes ou repartições fazendárias, de produtos estrangeiros cujo controle entenda necessário, bem como prescrever, para estabelecimentos produtores e comerciantes de determinados produtos nacionais, sistema diferente de rotulagem, etiquetagem, obrigatoriedade de numeração ou aplicação de selo especial que possibilite o seu controle quantitativo.
> § 1º. O selo especial de que trata este artigo será de emissão oficial e sua distribuição aos contribuintes será feita gratuitamente, mediante as cautelas e formalidades que o regulamento estabelecer.

No início, a distribuição dos selos fazia-se gratuitamente, sistemática alterada com o advento do Decreto-Lei nº 1.437/1975, o qual possibilitou o fornecimento oneroso a título de "ressarcimento de custo", como autorizado em seu art. 3º:

> O Ministro da Fazenda poderá determinar que seja feito, mediante ressarcimento de custo e demais encargos, em relação aos produtos que indicar e pelos critérios que estabelecer, o fornecimento do selo especial a que se refere o artigo 46 da Lei número 4.502, de 30 de novembro de 1964, com os parágrafos que lhe foram acrescidos pela alteração 12ª do artigo 2º do Decreto-lei nº 34, de 18 de novembro de 1966.

Em 1998, o Regulamento do IPI (Decreto nº 2.637 – Ripi/1998), além das exigências de rotulagem, marcação e numeração que incidem juntamente com a obrigação do recolhimento do IPI, passou a exigir das empresas que têm como objeto social o comércio de bebidas em geral, cigarros, fósforos, obras audiovisuais, produtos fonográficos e relógios o recolhimento de um valor destinado a cobrir o custo do denominado "selo de controle", manufaturado pela Casa da Moeda do Brasil e distribuído pelas unidades da Secretaria da Receita Federal.

A partir de então, os contribuintes empresários, para obter a estampilha obrigatória de seus produtos, foram compelidos a cumprir determinadas imposições, tais como: credenciamento, mediante inscrição no órgão próprio, para obtenção da chamada "guia de fornecimento do selo de controle"; preenchimento de formulário específico, com a previsão de consumo de cada tipo de selo de controle; pagamento do selo a título de "ressarcimento de custos". As regras foram estabelecidas em instruções normativas.

A exação vem sendo contestada ao longo do tempo, não sendo poucos os doutrinadores que pugnam pela inconstitucionalidade do recolhimento que, a cargo da Receita Federal, no ano 2000 rendeu aos cofres públicos mais de R$ 500 milhões, segundo dados da própria Receita.[91]

Presentemente, conforme se extrai do art. 284 do Decreto nº 7.202/2010 (Ripi), tem-se que os produtos submetidos à selagem são aqueles relacionados em ato do secretário da Receita Federal, "que poderá restringir a exigência a casos específicos, bem como assim dispensar ou vedar o uso do selo (Lei nº 4.502, de 1964, art. 46)". A cobrança pelo seu fornecimento, porém, continua restrita aos produtos ou à categoria de produtos indicados pelo ministro da Fazenda, como prescreve o art. 298 do Ripi:

> Art. 298. O Ministro da Fazenda poderá determinar que o fornecimento do selo de controle aos usuários seja feito me-

---

[91] Mencionados em artigo do advogado Flávio Puig, publicado na *Revista Dialética de Direito Tributário*, n. 74, de novembro de 2001.

diante ressarcimento de custos e demais encargos, em relação aos produtos ou espécies de produtos que indicar e segundo os critérios e condições que estabelecer (Decreto-lei nº 1.437, de 17 de dezembro de 1975, art. 3º).

Sempre foi objeto de controvérsia entre os juristas a natureza jurídica dos selos de controle do IPI. Uns entendem que o particular está obrigado à aquisição de tais selos, desnaturando, portanto, qualquer relação privada entre o fisco e o contribuinte, sendo esse serviço específico e plenamente divisível, daí se enquadrar como taxa. Outros entendem que a obrigatoriedade de aplicação dos selos de controle do IPI constitui obrigação acessória, nos termos da Lei nº 4.502/1964. A indenização recebida pelo fornecimento dos referidos selos não configura taxa nem preço público, constituindo receita originária, decorrente da utilização da capacidade industrial de empresa pública.

O STJ, no julgamento do REsp nº 637.756/RS, de relatoria da ministra Eliana Calmon, após afirmar a proximidade[92] do selo de controle do IPI com a nota fiscal conclui:

> 1) [...]; 2) o pagamento devido em razão da impressão de selos de controle do IPI corresponde a uma taxa devida em razão da

[92] Consta no relatório do mencionado julgado o quadro esquemático *infra*:

<table>
<tr><th></th><th>Obrigação tributária principal</th><th>Obrigação tributária acessória</th><th>Documento fiscal decorrente da obrigação tributária acessória</th><th>Entidade responsável pela impressão do documento fiscal</th><th>Pagamento relativo à impressão do documento fiscal</th></tr>
<tr><td>Nota fiscal</td><td rowspan="2">Recolhimento de tributo</td><td>Emitir nota fiscal</td><td>Nota fiscal</td><td>Estabelecimentos gráficos particulares</td><td>Preço (privado)</td></tr>
<tr><td>Selo de controle do IPI</td><td>Apor selo especial em determinados produtos</td><td>Selo especial</td><td>Estado, por meio da Casa da Moeda do Brasil</td><td>Taxa</td></tr>
</table>

prestação de um serviço público; 3) a obrigação acessória de se selar determinados produtos não se confunde com a obrigação de pagar o custo advindo da impressão dos selos [Informativo STJ nº 352, 18 a 14 de abril de 2008].

Ao longo dos anos, a jurisprudência sinaliza pela identificação do pagamento do selo como taxa.

No Tribunal Federal de Recursos (TFR), o primeiro julgado abordando o tema "selo de controle" veio pelo relato do ministro Pedro Acioli, na AC nº 114.086/CE, julgada em fevereiro de 1987 e publicada no *DJ* em 7 de maio do mesmo ano, cuja ementa ficou assim redigida:

> TRIBUTÁRIO. SELOS DE CONTROLE. COMPENSAÇÃO. IPI.
> I - Não há que se perquirir de compensação dos valores pagos por selos de controle para com o IPI. O primeiro trata-se de taxa enquanto o segundo é imposto. Inexiste previsão legal a se compensar desembolso de taxa para com o desembolso de imposto.
> II - Improvimento do apelo.

Porém a Primeira Turma do STJ, no REsp nº 836.277/PR, de relatoria do ministro Francisco Falcão, julgado no dia 5 de junho de 2007, por unanimidade decidiu que o selo do IPI tem natureza de obrigação acessória, porque o desiderato da obrigação, embora apresente um custo para o contribuinte, amolda-se ao teor do art. 113, § 2º, do CTN. Estabeleceu também que a imposição discutida difere das taxas, assim como do preço público.

No mesmo sentido, decisão do STJ sobre a questão:

> TRIBUTÁRIO. IPI. CIGARROS DESTINADOS À EXPORTAÇÃO. SELOS DE CONTROLE. OBRIGATORIEDADE. INSTRUÇÃO NORMATIVA SRF Nº 95/01. LEGALIDADE.

1. A ora recorrente impetrou mandado de segurança objetivando suspender a exigibilidade da aposição de selos de controle de IPI em maços de cigarros destinados à exportação aos Estados Unidos da América, na forma da Instrução Normativa SRF nº 95/01. Fundamenta o pedido no argumento de que a Instrução Normativa, norma infralegal, emanada do Poder Executivo, não poderia modificar uma lei, no caso, a Lei nº 4.502/64, que dispõe, na Alteração 29, Observação 10, trazida pelo Decreto-Lei nº 34/66, pois seria vedado o uso do selo nos produtos destinados à exportação.
2. Todavia, o selo referido na Lei nº 4.502/64 é o que classifica o cigarro segundo preços ou faixas de preços para venda no varejo, não se tratando, portanto, do selo de controle a ser aplicado para a exportação do produto, de que cuida a Instrução Normativa nº 95/01.
3. Ademais, não obstante o art. 12, § 3º, do Decreto-Lei nº 1.593/77 (reproduzido no art. 282, § 1º, do Decreto nº 4.544/02) estabelecer que as disposições relativas à rotulagem ou marcação de produtos previstas nos arts. 43 e 46, *caput*, da Lei nº 4.502/64, tais normas não se aplicam aos cigarros destinados à exportação, o art. 12, § 4º, do mesmo decreto, ressalta que tais disposições não excluem as exigências referentes a selo de controle. Assim, conclui-se pela legalidade do art. 15, inciso I, alínea "b", da Instrução Normativa SRF nº 95/01.
4. Recurso especial não provido.[93]

IPI e embalagem

No REsp nº 860.369/PE, o STJ reiterou que o direito ao crédito de IPI, fundado no princípio da não cumulatividade,

[93] BRASIL. Superior Tribunal de Justiça. REsp nº 1.051.244/SP. Relator: ministro Castro Meira. Segunda Turma. Julgamento em 23 de novembro de 2010. *DJe*, 1º dez. 2010.

decorrente da aquisição de matéria-prima, produto intermediário e material de embalagem utilizados na fabricação de produtos isentos ou sujeitos ao regime de alíquota zero, exsurgiu apenas com a vigência do art. 11 da Lei nº 9.779/1999.

No caso, cuida-se de estabelecimento industrial que pretende o reconhecimento de direito de aproveitamento de créditos de IPI decorrentes da aquisição de matéria-prima, material de embalagem e insumos destinados à industrialização de produto sujeito à alíquota zero, apurados no período de janeiro de 1995 a dezembro de 1998, razão pela qual merece reforma o acórdão regional que deferiu o creditamento.

O referido julgado originou a seguinte ementa:

> PROCESSO CIVIL. RECURSO ESPECIAL REPRESENTATIVO DE CONTROVÉRSIA. ARTIGO 543-C, DO CPC. TRIBUTÁRIO. CREDITAMENTO DO IPI. PRINCÍPIO DA NÃO CUMULATIVIDADE. AQUISIÇÃO DE MATÉRIA-PRIMA, PRODUTO INTERMEDIÁRIO E MATERIAL DE EMBALAGEM DESTINADOS À INDUSTRIALIZAÇÃO DE PRODUTOS ISENTOS OU SUJEITOS AO REGIME DE ALÍQUOTA ZERO. LEI 9.779/1999. NOVEL JURISPRUDÊNCIA DO SUPREMO TRIBUNAL FEDERAL.
> 1. O direito ao crédito de IPI, fundado no princípio da não cumulatividade, decorrente da aquisição de matéria-prima, produto intermediário e material de embalagem utilizados na fabricação de produtos isentos ou sujeitos ao regime de alíquota zero, exsurgiu apenas com a vigência da Lei 9.779/1999, cujo artigo 11 estabeleceu que:
> "Art. 11. O saldo credor do Imposto sobre Produtos Industrializados – IPI, acumulado em cada trimestre-calendário, decorrente de aquisição de matéria-prima, produto intermediário e material de embalagem, aplicados na industrialização, inclusive de produto isento ou tributado à alíquota zero, que o contribuinte não puder compensar com o IPI devido na saída de

outros produtos, poderá ser utilizado em conformidade com o disposto nos arts. 73 e 74 da Lei nº 9.430, de 27 de dezembro de 1996, observadas normas expedidas pela Secretaria da Receita Federal do Ministério da Fazenda."

2. A ficção jurídica prevista no artigo 11, da Lei nº 9.779/1999, não alcança situação reveladora de isenção do Imposto sobre Produtos Industrializados – IPI que a antecedeu (Precedentes do Supremo Tribunal Federal: RE 562.980/SC, Rel. Ministro Ricardo Lewandowski, Rel. p/ Acórdão Ministro Marco Aurélio, Tribunal Pleno, julgado em 06.05.2009, DJe-167 DIVULG 03.09.2009 PUBLIC 04.09.2009; e RE 460.785/RS, Rel. Ministro Marco Aurélio, Tribunal Pleno, julgado em 06.05.2009, DJe-171 DIVULG 10.09.2009 PUBLIC 11.09.2009).

3. *In casu*, cuida-se de estabelecimento industrial que pretende o reconhecimento de direito de aproveitamento de créditos de IPI decorrentes da aquisição de matéria-prima, material de embalagem e insumos destinados à industrialização de produto sujeito à alíquota zero, apurados no período de janeiro de 1995 a dezembro de 1998, razão pela qual merece reforma o acórdão regional que deferiu o creditamento.

4. Recurso especial da Fazenda Nacional parcialmente provido, restando prejudicadas as pretensões recursais encartadas nas aduzidas violações dos artigos 166 e 170-A, do CTN. Acórdão submetido ao regime do artigo 543-C, do CPC, e da Resolução STJ 08/2008.[94]

IPI e creditamento de energia elétrica

Não se considera a energia elétrica utilizada na indústria como produto intermediário para credenciamento (sistemática

[94] BRASIL. Superior Tribunal de Justiça. REsp nº 860.369/PE. Relator: ministro. Luiz Fux. Primeira Seção. Julgamento em 25 de novembro de 2009. *DJe*, 18 dez. 2009.

da não cumulatividade), pois sequer é produto no sentido jurídico-tributário do termo, quanto mais se considera a assertiva de que o IPI não incide sobre o consumo.

Existem, no entanto, julgados da Primeira Turma e da Primeira Seção do STJ que acolhem a possibilidade de creditamento da energia elétrica como insumo (REsp nº 904.082/SC, EREsp nº 899.485/RS). Este entendimento baseia-se na constatação de que o IPI e o ICMS estão sujeitos a não cumulatividade, o que, em razão da substancial distinção entre ambos, não pode ser aceito.

Como é consabido, o ICMS incide sobre a circulação de mercadoria e o IPI sobre a circulação de produtos industrializados.

No entanto, a energia elétrica, apesar de ser mercadoria, jamais será produto intermediário, ou mesmo produto, porque não resulta de processo de produção, mas de processo de extração.

> TRIBUTÁRIO – PROCESSO CIVIL – IPI – CREDITAMENTO – ENERGIA ELÉTRICA – IMPOSSIBILIDADE – CORREÇÃO MONETÁRIA – AUSÊNCIA DE ÓBICE ILEGÍTIMO – *REFORMATIO IN PEJUS*.
>
> 1. A energia elétrica utilizada pela indústria não é considerada produto intermediário para efeito de creditamento, pela sistemática da não cumulatividade, seja porque não é produto no sentido jurídico-tributário do termo, seja porque não incide IPI sobre o consumo, o que desautoriza a adoção da técnica do aproveitamento.
>
> 2. A jurisprudência do STJ admite a correção monetária de crédito escritural quando devidamente comprovada a existência de óbice ilegítimo por parte do Fisco, o que não se apresenta na hipótese. Precedentes.
>
> 3. Impossibilidade de modificação do julgado para pior na hipótese, em razão da adoção da tese prevalecente nesta Corte

quanto à incidência de correção monetária de crédito escritural. Aplicação do princípio que veda a *reformatio in pejus*.
4. Recurso especial não provido.[95]

Nessa toada, o entendimento atual do STF é de que não cabe o creditamento de energia elétrica, na medida em que a energia não se insere no processo de transformação do qual resultará a mercadoria industrializada:

> IPI. CREDITAMENTO. ENERGIA ELÉTRICA. IMPOSSIBILIDADE. O princípio constitucional da não cumulatividade reporta à possibilidade de compensar imposto pago na entrada com o encargo devido na saída. Essa é a premissa do regime de créditos físicos. Nas hipóteses de aquisição de insumos imunes, como é o caso da energia elétrica com relação ao IPI, não há possibilidade de apropriação de crédito escritural pelo fato de não haver imposto recolhido na entrada. Não obstante, não se pode aplicar ao caso o regime de crédito físico, na medida em que a energia elétrica não se insere no processo de transformação do qual resultará a mercadoria industrializada. Agravo Regimental a que se nega provimento.[96]

Transferência de saldos credores

No que se refere aos saldos credores do IPI, apurados na escrita fiscal, eles não podem ser transferidos, salvo determinação específica. As três hipóteses de transferência atualmente em vigor, todas entre estabelecimentos da mesma empresa, estão

[95] BRASIL. Superior Tribunal de Justiça. REsp nº 749.466/PR. Relatora: ministra Eliana Calmon. Segunda Turma. Julgamento em 3 de novembro de 2009. *DJe*, 17 nov. 2009.
[96] BRASIL. Supremo Tribunal Fedral. RE nº 504.446 AgR/SC. Relator: ministro Roberto Barroso. Primeira Turma. Julgamento em 25 de março de 2014. *DJe*, 2 maio 2014.

enumeradas no § 1º do art. 21 da Instrução Normativa (IN) da Secretaria da Receita Federal nº 1.300/2012 (Redação dada pela Instrução Normativa RFB nº 1.425, de 19 de dezembro de 2013), devendo a operação de transferência ser efetuada de acordo com o disposto no art. 24 da mesma IN.

Destarte, os créditos do IPI, escriturados com a observância das regras contidas na legislação específica, "serão utilizados pelo estabelecimento que os escriturou na dedução, em sua escrita fiscal, dos débitos de IPI decorrentes das saídas de produtos tributados" (art. 21, *caput*, da IN RFB nº 1.300/2012).

Da leitura do art. 21 da IN SRF nº 1.300/2012, verifica-se (grifo nosso):

> § 1º. Os créditos de IPI que, ao final de um período de apuração, remanescerem da dedução prevista no *caput* daquele mesmo artigo, poderão ser mantidos na escrita fiscal do estabelecimento para posterior dedução de débitos do IPI relativos a períodos subsequentes de apuração, ou *serem transferidos a outro estabelecimento da pessoa jurídica*, somente para dedução de débitos do IPI, caso se refiram a:
> I - créditos presumidos do IPI, como ressarcimento da Contribuição para o PIS/Pasep e da Cofins, previstos na Lei nº 9.363, de 13 de dezembro de 1996, e na Lei nº 10.276, de 10 de setembro de 2001;
> II - créditos decorrentes de estímulos fiscais na área do IPI a que se refere o art. 1º da Portaria MF nº 134, de 18 de fevereiro de 1992;
> III - créditos do IPI passíveis de transferência a filial atacadista nos termos do item "6" da Instrução Normativa SRF nº 87, de 21 de agosto de 1989; e [...]

O procedimento para a materialização da transferência dos créditos do IPI (art. 24 da IN SRF nº 1.300/2012) exige que ela se dê por meio de nota fiscal, emitida pelo estabelecimento que os apurou, exclusivamente para essa finalidade, em que deverão constar, obrigatoriamente:

I - o valor dos créditos transferidos;

II - o período de apuração a que se referem os créditos; e

III - a fundamentação legal da transferência dos créditos.

Vale registrar, inclusive, que, na forma do § 1º do art. 24 da IN RFB em comento, "o estabelecimento que estiver transferindo os créditos deverá escriturá-los no livro Registro de Apuração do IPI, a título de Estornos de Créditos, com a observação: "créditos transferidos para o estabelecimento inscrito no CNPJ sob o nº [...]", indicando, para tanto, o número completo do CNPJ do estabelecimento que receberá os créditos por transferência.

"O estabelecimento que estiver recebendo os créditos por transferência", por seu turno, "deverá escriturá-los no livro Registro de Apuração do IPI, a título de Outros Créditos, com a observação: 'créditos transferidos do estabelecimento inscrito no CNPJ sob o nº [...]'", indicando o número completo do CNPJ do estabelecimento que transferiu os créditos, bem como o número da nota fiscal que documenta a referida transferência (art. 24, § 2º da IN RFB nº 1.300/2012).

Finalmente, faz-se mister ressaltar que aos contribuintes do imposto optantes pelo Simples é defeso utilizar ou destinar qualquer valor a título de incentivo fiscal, bem assim apropriar ou *transferir créditos* relativos ao imposto sobre produtos industrializados (art. 178, I, do Decreto nº 7.212/2010 – Ripi).

Crédito-prêmio de IPI

Em que pese não mais existir discussão sobre a matéria, trata-se de uma das maiores discussões tributárias ocorridas no país.

Criado pelo Decreto-Lei nº 491/1969, o crédito-prêmio IPI dava aos exportadores crédito fixado inicialmente em 15% sobre o valor da mercadoria exportada, a fim de ser abatido do IPI cobrado internamente ou de outros tributos. De acordo com o entendimento assentado pelo STF em 2009, o crédito-prêmio foi extinto dois anos após a promulgação da Constituição Federal de 1988, segundo estabelecido no art. 41 do Ato das Disposições Constitucionais Transitórias (ADCT), ao fundamento de que se tratava de incentivo setorial.

> Art. 41. Os Poderes Executivos da União, dos Estados, do Distrito Federal e dos Municípios reavaliarão todos os incentivos fiscais de natureza setorial ora em vigor, propondo aos Poderes Legislativos respectivos as medidas cabíveis.
> § 1º. Considerar-se-ão revogados após dois anos, a partir da data da promulgação da Constituição, os incentivos que não forem confirmados por lei.

A esse respeito, transcrevemos proposta de súmula vinculante rejeitada em 2014, por não mais existir controvérsia no âmbito do Judiciário, havendo apenas discussões residuais:

> O incentivo fiscal instituído pelo art. 1º do Decreto-Lei 491, de 5 de março de 1969, deixou de vigorar em 5 de outubro de 1990, por força do disposto no § 1º do art. 41 do Ato das Disposições Constitucionais Transitórias da Constituição Federal de 1988, tendo em vista sua natureza setorial

Durante 14 anos, o benefício foi amplamente concedido aos exportadores. Em 1979, entretanto, por um entendimento do Acordo Geral de Tarifas e Comércio (GATT), houve uma pressão internacional contra os subsídios à exportação. Em reação, o governo brasileiro editou dois decretos-lei que delegavam ao Ministério da Fazenda a competência para aumentar, reduzir ou extinguir o direito à restituição do IPI. Por meio de portaria, o ministro da Fazenda estabeleceu a data de 30 de junho de 1983 para a extinção do direito ao crédito-prêmio.

O entendimento sobre o crédito-prêmio, no entanto, continuou controverso. O STJ, durante 15 anos, decidiu favoravelmente à compensação dos créditos-prêmio com impostos federais porque entendeu que uma portaria não poderia revogar um benefício concedido por lei. Mais de 150 processos confirmaram esse entendimento até que, em 2004, uma divergência entre duas turmas do STJ levou a uma decisão contrária à concessão do crédito-prêmio a partir de 1983.

Em 2006, o STJ passou a entender que o benefício havia sido revogado em 1990 pela Constituição de 1988. Como a análise do caso é sobre uma interpretação da Constituição, o STF chamou a questão para ser analisada por seus ministros e, em 2009, entendeu pela extinção do crédito-prêmio após dois anos da promulgação da CRFB/1988, encerrando uma das maiores discussões tributárias.

Questões de automonitoramento

1) Após ler o material, você é capaz de resumir os casos geradores do capítulo 5, identificando as partes envolvidas, os problemas atinentes e as soluções cabíveis?
2) Entre as hipóteses definidas pelo CTN como fato gerador do IPI, alguma(s) perdeu(ram) validade? Em caso afirmativo, qual delas?
3) Possui alguma relevância, para fins de configuração do crédito decorrente do IPI, a finalidade a que se destine o produto ou o título jurídico a que se faça a importação ou de que decorra a saída do estabelecimento produtor?

4) Em se tratando de desembaraço aduaneiro, quais são os acréscimos que se somam ao preço normal para configurar a base de cálculo do IPI?
5) Especificamente quanto ao princípio da seletividade, qual a diferença entre o ICMS e o IPI?
6) Pense e descreva, mentalmente, alternativas para a solução dos casos geradores do capítulo 5.

4

Contabilidade tributária: II, IOF e IPI

Roteiro de estudo

Imposto sobre operações de crédito, câmbio e seguro, ou relativo a títulos ou valores mobiliários (IOF)

O imposto sobre operações de crédito, câmbio e seguro, ou relativo a títulos ou valores mobiliários (IOF) é de competência da União, nos termos do art. 153, V, da Constituição Federal (CRFB/1988).

A legislação básica do IOF compreende a Lei nº 5.143/1966, o Decreto nº 1.783/1980, a Lei nº 7.766/1989 e a Lei nº 8.894/1994. O atual regulamento do IOF (Riof) está expresso no Decreto nº 6.306/2007, com inúmeras alterações posteriores.

O IOF não tem caráter arrecadatório, mas de formulação de política econômica de curto prazo. Seu objetivo é regulatório e visa ao controle de disponibilidade de moeda em circulação na economia, disponibilidade de crédito, controle das contas públicas, com impactos diretos no controle da inflação e interferência indireta na oferta e na demanda da economia.

Face ao seu caráter regulatório, a Constituição autoriza a alteração de sua base de cálculo e a elevação de suas alíquotas com vigência já a partir da publicação do ato legal (CRFB/1988, art. 150, § 1º). Outra prerrogativa do IOF diz respeito à possibilidade de que as alterações de alíquota sejam feitas pelo Poder Executivo, por intermédio de decreto, desde que observe o limite máximo previsto na lei básica do imposto, que é de 1,5% ao dia, sobre o valor das operações de crédito e relativos a títulos e valores.[97]

O IOF incide sobre as seguintes operações:

1) operações de crédito (IOF-crédito);
2) operações de câmbio (IOF-câmbio);
3) operações de seguro realizadas por seguradoras (IOF-seguros);
4) operações de títulos e valores mobiliários (IOF-títulos e crédito);
5) operações com ouro, ativo financeiro ou instrumento cambial (IOF-ouro).

No presente capítulo, abordaremos as operações de crédito sob a modalidade de mútuo.

O mútuo e a tributação

Segundo o Código Civil (CC), em seu art. 586, "mútuo é o empréstimo de coisas fungíveis". O mutuário deve restituir ao mutuante coisa do mesmo gênero, espécie e quantidade.

[97] O Decreto nº 8.392/2015 majorou a alíquota do IOF para a pessoa física mutuária, passando a ser de 0,0082% ao dia, ou seja, 3% ao ano.

A operação de mútuo mais usual é o empréstimo em moeda, que será o objeto de nossa análise.

A Secretaria da Receita Federal (SRF), por intermédio da Solução de Consulta nº 225/2001, da Oitava Região Fiscal, condiciona a dedutibilidade do pagamento de juros, em razão de contrato de mútuo, nos seguintes termos:

1) que o contrato seja escrito e registrado no cartório de títulos e documentos ou as cláusulas principais, como taxas de juros e prazo, estejam no lançamento contábil;
2) que os juros não excedam a taxa legal;
3) que os recursos sejam empregados na atividade geradora de receitas da mutuária.

Contudo, a pessoa jurídica mutuante não está obrigada a cobrar juros ou atualização monetária sobre o dinheiro emprestado para empresas do mesmo grupo econômico. Assim, quem paga juros não terá despesa financeira e quem recebe não terá receita tributável.

A SRF tem analisado se a empresa mutuante paga juros sobre empréstimos contraídos, mas tem receita financeira advinda de operação de mútuo. Nesse caso, será considerado indedutível o excedente entre a taxa de empréstimo contraído junto à instituição financeira e aquela prevista no contrato de mútuo.

Imposto de renda na fonte

O art. 730, III, do Regulamento do Imposto de Renda (RIR/1999) equipara o rendimento de operação de mútuo à aplicação em renda fixa, sujeitando-se a tributação na fonte, de acordo com o prazo de aplicação dos recursos:

1) 22,5%, em aplicações com prazo até 180 dias;

2) 20%, em aplicações com prazo de 181 até 360 dias;
3) 17,5%, em aplicações com prazo de 361 até 720 dias;
4) 15%, em aplicações com prazo superior a 720 dias.

IOF sobre mútuo

Estão abrangidas pela incidência do IOF as operações de crédito realizadas por instituições financeiras, inclusive por empresas de *factoring* e as operações de mútuo e/ou empréstimos realizados entre pessoas jurídicas ou entre pessoas jurídicas e pessoas físicas; ou seja, somente haverá incidência de IOF-crédito quando o mutuante for pessoa jurídica. Nas operações de créditos externos não há incidência do IOF-crédito; há, entretanto, IOF-câmbio.

Estão abrangidas pelas operações de crédito as seguintes operações (Decreto nº 6.306/2007, art. 3º, § 3º):

> I - empréstimo sob qualquer modalidade, inclusive abertura de crédito e desconto de títulos;
> II - alienação, à empresa que exercer as atividades de *factoring*, de direitos creditórios resultantes de vendas a prazo;
> III - mútuo de recursos financeiros entre pessoas jurídicas ou entre pessoa jurídica e pessoa física.

Trataremos, especificamente, das operações de mútuo entre pessoas jurídicas. Nesse caso, o contribuinte é a pessoa jurídica tomadora do empréstimo (Decreto nº 6.306/2007, art. 4º).

O IOF sobre operações de crédito será composto de duas parcelas: a primeira ocorre no momento da contratação do empréstimo, com incidência fixa de 0,38% (Decreto nº 6.339/2008, art. 1º); a segunda incide durante o tempo do empréstimo e tem alíquota de 0,0041% (Decreto nº 6.306/2007, art. 7º).

Caso não tenha definição do principal, o cálculo será efetuado tomando-se por base o somatório dos saldos devedores diários apurados no último dia de cada mês (Decreto nº 6.306/2007, art. 7º, I, "a", com a redação dada pelo Decreto nº 6.691/2008, § 16), aplicando-se a alíquota de 0,0041%, acrescida do adicional de 0,38%.

Havendo definição do principal, a base de cálculo será o valor entregue ou disponível ou o valor de cada parcela, quando previsto mais de um pagamento, aplicando-se a alíquota de 0,0041% (Decreto nº 6.306/2007, art. 7º, I, "b", com a redação dada pelo Decreto nº 6.691/2008, e Instrução Normativa SRF nº 907/2009).

Exemplos numéricos

1) Operação de mútuo com prazo definido

A empresa Viena Ltda. contratou uma operação de crédito, na modalidade de mútuo, para pagamento em 120 dias, com sua controladora Salzsburg Ltda., no valor de R$ 100.000,00, com remuneração de 5% sobre o valor da operação.

Pede-se:

a) calcule o IOF sobre a operação;
b) calcule o IR fonte devido;
c) efetue os lançamentos na mutuante;
d) efetue os lançamentos na mutuária.

2) Operação de mútuo sem prazo definido

A empresa Cascais S/A mantém uma conta-corrente com sua controladora Sintra S/A, sem previsão de remuneração dos recursos colocados à disposição da controlada e apresentou o seguinte movimento no mês corrente:

Mês anterior		Saldo final		Devedor		35.127.558,86
		Juros incorridos				
		Correção monetária				
Dez. 2008		Saldo inicial		Devedor		35.127.558,86
Data	Novos empréstimos	Pagamentos (R$)	IOF			
			Normal		Adicional	
			Base de cálculo	Alíquota	Base de cálculo	Alíquota
			Somatório dos saldos devedores diários (R$)	0,0041% ao dia (R$)	Somatório dos incrementos aos saldos devedores diários (R$)	0,38% (R$)
1/12/2008	101.052,09		35.228.610,95	1.444,37	101.052,09	384,00
2/12/2008			35.228.610,95	1.444,37		0.00
3/12/2008			35.228.610,95	1.444,37		0.00
4/12/2008			35.228.610,95	1.444,37		0.00
5/12/2008			35.228.610,95	1.444,37		0.00
6/12/2008			35.228.610,95	1.444,37		0.00
7/12/2008			35.228.610,95	1.444,37		0.00
8/12/2008			35.228.610,95	1.444,37		0.00
9/12/2008			35.228.610,95	1.444,37		0.00
10/12/2008			35.228.610,95	1.444,37		0.00

Continua

<table>
<tr><td colspan="2" rowspan="3">Mês anterior</td><td colspan="2">Saldo final</td><td colspan="2">Devedor</td><td>35.127.558,86</td></tr>
<tr><td colspan="4">Juros incorridos</td><td></td></tr>
<tr><td colspan="4">Correção monetária</td><td></td></tr>
<tr><td colspan="2">Dez. 2008</td><td colspan="2">Saldo inicial</td><td colspan="2">Devedor</td><td>35.127.558,86</td></tr>
<tr><td rowspan="4">Data</td><td rowspan="4">Novos empréstimos</td><td rowspan="4">Pagamentos (R$)</td><td colspan="4">IOF</td></tr>
<tr><td colspan="2">Normal</td><td colspan="2">Adicional</td></tr>
<tr><td>Base de cálculo</td><td>Alíquota</td><td>Base de cálculo</td><td>Alíquota</td></tr>
<tr><td>Somatório dos saldos devedores diários (R$)</td><td>0,0041% ao dia (R$)</td><td>Somatório dos incrementos aos saldos devedores diários (R$)</td><td>0,38% (R$)</td></tr>
<tr><td>11/12/2008</td><td></td><td></td><td>35.228.610,95</td><td>1.444,37</td><td></td><td>0.00</td></tr>
<tr><td>12/12/2008</td><td></td><td></td><td>35.228.610,95</td><td>1.444,37</td><td></td><td>0.00</td></tr>
<tr><td>13/12/2008</td><td></td><td></td><td>35.228.610,95</td><td>1.444,37</td><td></td><td>0.00</td></tr>
<tr><td>14/12/2008</td><td></td><td></td><td>35.228.610,95</td><td>1.444,37</td><td></td><td>0.00</td></tr>
<tr><td>15/12/2008</td><td>7.082.439,20</td><td></td><td>42.311.050,15</td><td>1.734,75</td><td>7.082.439,20</td><td>26.913,27</td></tr>
<tr><td>16/12/2008</td><td></td><td></td><td>42.311.050,15</td><td>1.734,75</td><td></td><td>0.00</td></tr>
<tr><td>17/12/2008</td><td></td><td></td><td>42.311.050,15</td><td>1.734,75</td><td></td><td>0.00</td></tr>
<tr><td>18/12/2008</td><td></td><td></td><td>42.311.050,15</td><td>1.734,75</td><td></td><td>0.00</td></tr>
<tr><td>19/12/2008</td><td></td><td></td><td>42.311.050,15</td><td>1.734,75</td><td></td><td>0.00</td></tr>
</table>

Continua

Mês anterior		Saldo final			Devedor	35.127.558,86
		Juros incorridos				
		Correção monetária				
Dez. 2008		Saldo inicial			Devedor	35.127.558,86
Data	Novos empréstimos	Pagamentos (R$)	IOF			
			Normal		Adicional	
			Base de cálculo	Alíquota	Base de cálculo	Alíquota
			Somatório dos saldos devedores diários (R$)	0,0041% ao dia (R$)	Somatório dos incrementos aos saldos devedores diários (R$)	0,38% (R$)
20/12/2008			42.311.050,15	1.734,75		0.00
21/12/2008			42.311.050,15	1.734,75		0.00
22/12/2008			42.311.050,15	1.734,75		0.00
23/12/2008			42.311.050,15	1.734,75		0.00
24/12/2008			42.311.050,15	1.734,75		0.00
25/12/2008			42.311.050,15	1.734,75		0.00
26/12/2008			42.311.050,15	1.734,75		0.00
27/12/2008			42.311.050,15	1.734,75		0.00
28/12/2008			42.311.050,15	1.734,75		0.00
29/12/2008			42.311.050,15	1.734,75		0.00

Continua

Mês anterior	Saldo final	Devedor	35.127.558,86
	Juros incorridos		
	Correção monetária		
Dez. 2008	Saldo inicial	Devedor	35.127.558,86

Data	Novos empréstimos	Pagamentos (R$)	IOF			
			Normal		Adicional	
			Base de cálculo	Alíquota	Base de cálculo	Alíquota
			Somatório dos saldos devedores diários (R$)	0,0041% ao dia (R$)	Somatório dos incrementos aos saldos devedores diários (R$)	0,38% (R$)
30/12/2008	446.753,65	1.381.877,21	41.375.926,59	1.696,41	446.753,65	1.697,66
31/12/2008	648.778,62	5.285.424,55	36.739.280,66	1.506,31	648.778,62	2.465,36
Soma			1.205.981.512,80	49.445,24	8.177.971,47	31.076,29

Dez. 2008	Saldo final	Devedor	R$ 36.739.280,66
		Base de cálculo do adicional	R$ 8.177.971,47
	IOF	Normal	R$ 49.445,24
		Adicional	R$ 31.076,29
		Apurado (normal + adicional)	R$ 80.521,53

Pede-se:
Efetue os lançamentos na mutuante e na mutuária.

Imposto de importação (II)

Aquisição de bem do imobilizado

A empresa Danúbio Ltda., optante pelo lucro real, importou um equipamento para seu ativo imobilizado no valor de US$ 40.000, conforme declaração de importação registrada no Siscomex. O valor determinado pela autoridade aduaneira para base de cálculo do imposto de importação foi de US$ 50.000. Considerando as alíquotas do II de 10%, IPI de 12%, ICMS de 18%, PIS/Cofins de 9,25%, além de despesas aduaneiras de R$ 3.000,00 e uma taxa de câmbio de R$ 2,00, pede-se o valor a ser contabilizado no ativo imobilizado da empresa.

Imposto de importação (exemplo completo)

A empresa Bahia Madero Ltda., estabelecida na cidade do Rio de Janeiro, realizou importação de decantadores de vinho diretamente da Itália. As mercadorias importadas, classificadas na posição fiscal 7013.42.90, foram desembaraçadas no porto do Rio de Janeiro pelo valor aduaneiro de R$ 200.000,00, tendo a incidência dos seguintes tributos:

- imposto de importação (II) = 20%;
- imposto sobre produtos industrializados (IPI) = 15%;
- imposto sobre circulação de mercadorias (ICMS) = 18%;
- PIS/Cofins – ver Instrução Normativa SRF nº 1.401/2013.

As mercadorias, após o desembaraço aduaneiro, foram remetidas diretamente do porto do Rio de Janeiro ao estabelecimento da Bahia Madero Ltda. Em seguida, a importadora promoveu a saída dessas mercadorias para lojas estabelecidas em *shopping centers* que comercializam artigos importados adquiridos no mercado interno.

Na formação do preço de revenda das mercadorias, a Bahia Madero Ltda. considerou o valor de R$ 100.000, concernente a outros custos, bem como uma margem de lucro de 50% sobre o valor aduaneiro.

Em face do exposto, pede-se:

1) Determine os valores dos tributos incidentes na importação.
2) Determine o preço de venda na saída das mercadorias importadas.
3) Efetue a apuração dos tributos ao final do período de apuração, considerando que a Bahia Madero Ltda. promoveu a saída de todas as mercadorias importadas.
4) Elabore a DRE da Bahia Madero.
5) Efetue os lançamentos no livro Razão.
   Obs.: considere as opções de apuração do IR por lucro presumido e real.

IPI no mercado interno

Regra geral, no mercado interno, o cálculo do IPI é o valor da operação de que decorrer a saída do estabelecimento industrial ou a ele equiparado, mediante a aplicação da alíquota constante na tabela de incidência do IPI (Tipi).[98]

Na determinação da base de cálculo, deverá ser acrescido o valor do frete e demais despesas acessórias cobradas do adquirente ou a ele debitadas.[99]

[98] Há produtos que não se sujeitam à sistemática de cálculo *ad valorem*, mas à aplicação da sistemática *ad rem*, ou alíquota específica, tais como: bebidas, cigarros, chocolates e sorvetes.

[99] Lei nº 7.798/1989, art. 15; Decreto nº 7.212/2010, art. 190, § 1º.

A maioria dos contribuintes não evidencia o IPI como despesa para o estabelecimento industrial, o que considero a melhor forma de apresentação. Desse modo, o IPI será acrescido ao valor da operação.

Diferentemente do IPI, o ICMS, o PIS e a Cofins compõem o valor da operação. Esses tributos são calculados e cobrados do adquirente por dentro. Assim, nas saídas do estabelecimento industrial destinadas à industrialização ou comercialização, o ICMS, o PIS e a Cofins compõem a base de cálculo do IPI, como será explicitado nos exemplos a seguir.

Aquisição de matéria-prima por estabelecimento industrial

A Industrial Grising Ltda., estabelecida no Rio de Janeiro, adquire matéria-prima de fabricante estabelecido em São Paulo, pelo valor de R$ 10.000,00, com incidência do IPI com alíquota de 5%. O ICMS, o PIS e a Cofins estão inclusos no preço de venda.

Com base nessas informações e considerando que a Industrial Grising Ltda. é optante pelo lucro presumido, efetue os registros contábeis por ocasião da aquisição da matéria-prima.

Em seguida, consideremos que a Industrial Grising, em seu processo produtivo, além da matéria-prima, teve custo de mão de obra no valor de R$ 3.000,00 e gastos gerais de fabricação no valor de R$ 2.500,00. Finalizando o processo produtivo, promoveu a saída de toda produção por R$ 18.000,00, com incidência do IPI com alíquota de 10%, PIS, Cofins e ICMS com alíquota de 12%.

Questões de automonitoramento

1) Considere uma operação de compra de materiais para revender constante de 300 unidades ao preço unitário de

R$ 600,00, com incidência de ICMS a 12% e de IPI a 8%. Se a operação for realizada a prazo, vai gerar uma dívida com fornecedores no valor de:

a) R$ 172.800,00;
b) R$ 180.000,00;
c) R$ 194.400,00;
d) R$ 201.600,00;
e) R$ 216.000,00.

2) A Comercial Barreirinhas Ltda. adquiriu 16 conjuntos de móveis para escritório da Indústria de Móveis Tambores de São Luís Ltda., com a finalidade de revendê-los. A nota fiscal emitida pela indústria indica um valor total de R$ 14.400,00, com incidência do ICMS de 18% e IPI de 10%.

   Com base nessas informações, indaga-se: qual o valor unitário que a Comercial Barreirinhas Ltda. deverá registrar em seu estoque?

5

Sugestões de casos geradores

IPI: parte geral e aspectos constitucionais (cap. 1)

Determinada indústria ("A") decide produzir o medicamento XPTO e, para tanto, passa a importar diversos insumos de empresa coligada, localizada no exterior. Após a importação, a indústria "A" encaminha esses insumos para empresa especializada em produzir medicamentos e, após receber o produto acabado, acondiciona-o e o vende para:

1) uma rede de farmácias independente;
2) cadeia de lojas de departamento, da qual a indústria "A" participa em 35% do capital.

Diante das premissas acima, defina as implicações tributárias da estrutura considerando que:

a) a venda final é tributada regularmente;
b) a venda final é beneficiada por regra de alíquota zero.

IPI: campo de incidência, contribuintes e responsáveis (cap. 2)

Caso 1

Empresa nacional fabricante de cigarros vendeu sua mercadoria para atacadista. No meio do caminho, o caminhão que transportava os cigarros foi roubado. A empresa, por consequência, estornou a venda bem como o respectivo débito do IPI incidente na venda do produto, uma vez que a venda não se consumou. O fisco autuou a empresa para cobrar o IPI devido na operação sob o argumento de que houve saída do produto do estabelecimento industrial, um dos fatos geradores do IPI. Opine a respeito.

Caso 2

Visando aumentar a arrecadação, o Executivo altera alíquota de IPI de 3% para 15% sobre embalagem para acondicionamento de água mineral (garrafões de 50 l).

Considerando que a função primordial do referido produto é o acondicionamento de água mineral, determinado cliente que o fabrica consulta você sobre a possibilidade de ação judicial contra o referido aumento.

Como você opinaria? Caso entenda possível a intervenção judicial, qual seria a alíquota a ser recolhida, considerando que o decreto anterior que fixava a alíquota de 3% para o produto foi revogado pelo novo normativo?

IPI: fato gerador, base de cálculo e suspensão – a incidência na importação (cap. 3)

Caso 1

Você foi procurada em seu escritório de advocacia pela empresa Distribuidora de Bebidas Nacionais e Importadas Ltda., a qual, por meio de seu representante, solicita seus serviços para propor demanda judicial objetivando a restituição de indébito do IPI cobrado indevidamente na nota fiscal de aquisição da coligada "X S/A", haja vista a inclusão do desconto concedido incondicionalmente na base de cálculo do imposto. Alega a empresa que "a cadeia da não cumulatividade do tributo é encerrada na distribuidora, que não terá como repassar o encargo financeiro do IPI que suportou, uma vez que não terá como se compensar na operação subsequente, pois não é contribuinte de direito de tal tributo". O gerente da distribuidora questiona se haverá problema em relação à não inclusão do *frete* da base de cálculo do IPI, em que pese a disciplina fixada no § 3º do art. 14 da Lei nº 4.502/1964. Qual seria sua posição diante dos fatos?

Caso 2

Tendo em conta o alto custo para a instalação de uma indústria em território nacional, determinada sociedade empresária resolve importar os produtos prontos e finalizados, para posterior comercialização no mercado interno.

Diante da situação hipotética proposta, responda, levando em consideração que a sociedade empresária não realizou nenhuma das operações previstas em lei como sendo "industrialização", se ela será tida como contribuinte do IPI. Justifique a resposta, apontando o fundamento legal e, em caso de resposta afirmativa, indique a modalidade de sua qualificação e os momentos de incidência.

Conclusão

A leitura deste livro, além de apresentar uma visão geral e sistemática aprofundada dos principais temas que envolvem os impostos incidentes no contexto da tributação federal sobre circulação, produção e comércio do país, permite constatar a elevada complexidade prática desse importante segmento do Sistema Tributário Nacional, tendo em vista os múltiplos exemplos e a contextualização da operacionalização das regras de incidência.

Após a introdução das noções de comércio exterior, incluindo a instituição do Acordo Geral sobre Tarifas e Comércio ou General Agreement on Tariffs and Trade (GATT) e a criação da Organização Mundial do Comércio (OMC) ou World Trade Organization (WTO, em inglês), foram examinados aspectos fundamentais dos impostos incidentes sobre a importação de produtos estrangeiros (II) e sobre a exportação, para o exterior, de produtos nacionais ou nacionalizados (IE). A existência de diversos regimes aduaneiros especiais, como o *drawback* e o Recof, eleva sobremaneira o número de regras e regimes jurídicos existentes, o que potencializa a dificuldade do estudo de transações que envolvem o comércio exterior.

Em seguida, com a introdução do estudo do imposto incidente sobre as operações de crédito, câmbio, seguro ou relativas a títulos e valores mobiliários, foi possível identificar as múltiplas faces desse importante imposto federal de caráter regulatório. Com efeito, foi possível constatar que o apelidado imposto federal sobre operações financeiras (IOF) também incide na hipótese de financiamento corporativo entre instituições não financeiras, em âmbito nacional ou internacional. Dessa forma, tendo em vista incluir no campo de tributação diversas operações realizadas entre instituições não integrantes do Sistema Financeiro Nacional, o IOF consubstancia não apenas um, mas sim vários impostos, cujas competências encontram-se amalgamadas nas mãos da União.

Também o imposto federal sobre produtos industrializados (IPI) foi examinado de forma prática e sistemática, a partir de seu regime jurídico-constitucional, o que permite a compreensão do funcionamento de um imposto monofásico incidente sobre o valor adicionado, apesar da existência de diversas regras que estabelecem a equiparação de atacadistas e varejistas a estabelecimentos industriais, o que eleva a complexidade desse tributo.

Por fim, foi apresentada, de forma detalhada, a contabilidade tributária do II, do IOF e do IPI, o que permite uma visão interdisciplinar desses impostos de competência da União, o que revela, conforme já destacado, a complexidade dos impostos federais incidentes no contexto da tributação federal sobre circulação, produção e comércio do país.

Referências

ALEXANDRE, Ricardo. *Direito tributário esquematizado*. 2. ed. atual. e ampl. São Paulo: Método, 2008.

AMARO, Luciano. *Direito tributário brasileiro*. 9. ed. São Paulo: Saraiva, 2003.

ANTONELLI, Marcus Lívio; PIETRO, Leonardo. *Curso de direito tributário brasileiro*. 3. ed. São Paulo: Quartier Latin, 2010. v. I.

ATALIBA, Geraldo. *Hipótese de incidência tributária*. 6. ed. São Paulo: Malheiros, 2002.

BOTTALLO, Eduardo Domingos. *IPI*: princípio e estrutura. São Paulo: Dialética, 2009.

CARRAZZA, Roque Antonio. *Curso de direito constitucional tributário*. 19. ed. São Paulo: Malheiros, 2003.

____. *Curso de direito constitucional tributário*. 20. ed. São Paulo: Malheiros, 2004.

CARVALHO, Paulo de Barros. *Curso de direito tributário*. 17. ed. São Paulo: Saraiva, 2005.

CASSONE, Vittorio. *Direito tributário*. 10. ed. São Paulo: Atlas, 1997.

ELALI, André de Souza Dantas. *IPI*: aspectos práticos e teóricos. Curitiba: Juruá, 2006.

FALCÃO, Amílcar de Araújo. *Fato gerador da obrigação tributária.* 6. ed. Rio de Janeiro: Forense, 2002.

HIGUCHI, Hiromi. *Imposto de renda das empresas*: interpretação e prática. 39. ed. São Paulo: IR Publicações, 2014.

IUDICIBUS, Sérgio de; MARTINS, Eliseu; GELBCKE, Ernesto Rubens. *Manual de contabilidade societária.* 2. ed. São Paulo: Atlas, 2013.

LUZ, Rodrigo. *Comércio internacional e legislação aduaneira.* 5. ed. Rio de Janeiro: Elsevier, 2012.

MACHADO, Hugo de Brito. *Curso de direito tributário.* 25. ed. São Paulo: Malheiros, 2004.

____. *Curso de direito tributário.* 26. ed. rev., atual. e ampl. São Paulo: Malheiros, 2005.

____. O IPI e o roubo de produtos industrializados. *Revista Dialética de Direito Tributário*, Brasília, n. 179, p. 67-73, 2010.

MAGALHÃES, Marcelo P.; MARTINS, Ives G. S. (Org.). *ISS LC 116/2003 à luz da doutrina e da jurisprudência.* São Paulo: MP, 2006.

MARTINS, Marcelo Guerra. *Impostos e contribuições federais.* Rio de Janeiro: Renovar, 2004.

MELO, José Eduardo Soares de. *IPI*: teoria e prática. São Paulo: Malheiros, 2009.

OLIVEIRA, Waldemar de. *Novo regulamento do IPI*: anotado e comentado. 20. ed. São Paulo: Fiscosoft, 2010.

____. *Regulamento do IPI*: anotado e comentado. 21. ed. São Paulo: Fiscosoft, 2011.

PAULSEN, Leandro. *Direito tributário*: Constituição e Código Tributário à luz da doutrina e da jurisprudência. 12. ed. Porto Alegre: Livraria do Advogado, 2010.

____; MELO, José Eduardo S. *Impostos federais, estaduais e municipais.* 3. ed. Porto Alegre: Livraria do Advogado, 2007.

____; ____. *Impostos federais, estaduais e municipais.* 5. ed. Porto Alegre: Livraria do Advogado, 2009.

____; VELLOSO, Andrei Pitten. *Contribuições*: teoria geral, contribuições em espécie. Porto Alegre: Livraria do Advogado, 2010.

PÊGAS. Paulo Henrique. *Manual de contabilidade tributária*. 7. ed. Rio de Janeiro: Freitas Bastos, 2011.

PEIXOTO, Marcelo Magalhães. *Regulamento do IPI*: imposto sobre produtos industrializados, anotado e comentado. São Paulo: MP, 2008.

REZENDE, Condorcet; BRIGAGÃO, Gustavo. Definição dos limites de competência tributária em matéria de industrialização por encomenda, à luz da LC 116/03. In: MAGALHÃES, Marcelo P.; MARTINS, Ives G. S. (Org.). *ISS*: LC 116/2003. São Paulo: MP, 2006.

RIBEIRO, Ricardo Lodi. Imposto sobre produtos industrializados. In: GOMES, Marcus Lívio; ANTONELLI, Leonardo Pietro (Coord.). *Curso de direito tributário brasileiro*. 3. ed. São Paulo: Quartier Latin, 2010. v. 1.

ROSA JUNIOR, Luiz Emygdio F. da. *Manual de direito financeiro e direito tributário*. 18. ed. Rio de Janeiro: Renovar, 2005.

SOUSA, Rubens G. O IPI e as vendas de ativo fixo. *Revista dos Tribunais*, São Paulo, n. 406, p. 53 e segs., 1969.

SOUSA FILHO, Rodolfo de Castro. *Legislação do IPI*. Brasília, DF: Vestcon, 1996.

____ et al. *Gestão e planejamento de tributos*. 2. ed. Rio de Janeiro: Ed. FGV, 2011.

TORRES, Ricardo Lobo. *Tratado de direito tributário brasileiro*: sistemas constitucionais tributários. Rio de Janeiro: Forense, 1986.

____. *Curso de direito financeiro e tributário*. 9. ed. Rio de Janeiro: Renovar, 2002.

____. *Curso de direito financeiro e tributário*. 14. ed. Renovar, 2007.

XAVIER, Manoela Floret Silva. *IPI*: imposto sobre produtos industrializados. Rio de Janeiro: Freitas Bastos, 2008.

ZOMER, Antônio; PEIXOTO, Marcelo Magalhães; DOMINGO, Luiz Roberto (Coord.). *Regulamento do IPI*: imposto sobre produtos industrializados – anotado e comentado. São Paulo: MP, 2008.

Organizadores

Na contínua busca pelo aperfeiçoamento de nossos programas, o Programa de Educação Continuada da FGV DIREITO RIO adotou o modelo de sucesso atualmente utilizado nos demais cursos de pós-graduação da Fundação Getulio Vargas, no qual o material didático é entregue ao aluno em formato de pequenos manuais. O referido modelo oferece ao aluno um material didático padronizado, de fácil manuseio e graficamente apropriado, contendo a compilação dos temas que serão abordados em sala de aula durante a realização da disciplina.

A organização dos materiais didáticos da FGV DIREITO RIO tem por finalidade oferecer o conteúdo de preparação prévia de nossos alunos para um melhor aproveitamento das aulas, tornando-as mais práticas e participativas.

Joaquim Falcão – diretor da FGV DIREITO RIO

Doutor em educação pela Université de Génève. *Master of Laws* (LL.M) pela Harvard University. Bacharel em direito pela Pontifícia Universidade Católica do Rio de Janeiro (PUC-Rio).

Diretor da Escola de Direito do Rio de Janeiro da Fundação Getulio Vargas (FGV DIREITO RIO).

Sérgio Guerra – vice-diretor de ensino, pesquisa e pós-graduação da FGV DIREITO RIO

Pós-doutor em administração pública pela Ebape/FGV. Doutor e mestre em direito. *Visiting researcher* na Yale Law School (2014). Coordenador do curso International Business Law – University of California (Irvine). Editor da *Revista de Direito Administrativo* (RDA). Consultor jurídico da OAB/RJ (Comissão de Direito Administrativo). Professor titular de direito administrativo, coordenador do mestrado em direito da regulação e vice-diretor de ensino, pesquisa e pós-graduação da FGV DIREITO RIO.

Rafael Alves de Almeida – coordenador da pós-graduação *lato sensu* da FGV DIREITO RIO

Doutor em políticas públicas, estratégias e desenvolvimento pelo Instituto de Economia da Universidade Federal do Rio de Janeiro (UFRJ). *Master of Laws* (LL.M) em *international business law* pela London School of Economics and Political Science (LSE). Mestre em regulação e concorrência pela Universidade Candido Mendes (Ucam). Formado pela Escola de Magistratura do Estado do Rio de Janeiro (Emerj). Bacharel em direito pela UFRJ e em economia pela Ucam.

Colaboradores

Os cursos de pós-graduação da FGV DIREITO RIO foram realizados graças a um conjunto de pessoas que se empenhou para que eles fossem um sucesso. Nesse conjunto bastante heterogêneo, não poderíamos deixar de mencionar a contribuição especial de nossos professores e assistentes de pesquisa em compartilhar seu conhecimento sobre questões relevantes ao direito. A FGV DIREITO RIO conta com um corpo de professores altamente qualificado que acompanha os trabalhos produzidos pelos assistentes de pesquisa envolvidos em meios acadêmicos diversos, parceria que resulta em uma base didática coerente com os programas apresentados.

Nosso especial agradecimento aos colaboradores da FGV DIREITO RIO que participaram deste projeto:

Adilson Rodrigues Pires

Advogado tributarista. Doutor em direito econômico e sociedade pela Universidade Gama Filho (UGF). Professor adjunto de direito financeiro da Universidade do Estado do Rio de

Janeiro (Uerj). Presidente da Comissão de Direito Financeiro e Tributário do Instituto dos Advogados Brasileiros (IAB).

Adriana Nogueira Tôrres

Advogada do setor tributário do escritório Castro, Barros, Sobral, Gomes Advogados, com atuação, desde agosto de 2005, nas áreas de consultoria (nacional e internacional) e contencioso (administrativo e judicial), em âmbito federal, estadual e municipal. Membro da Comissão de Direito Constitucional da Ordem dos Advogados do Brasil (OAB), seccional Rio de Janeiro. Pós-graduada em direito tributário pela FGV. Tem MBA em contabilidade empresarial com ênfase nas normas internacionais pela Trevisan Escola de Negócios. Atua como pesquisadora e monitora das turmas de pós-graduação em direito tributário e empresarial da FGV.

Artur Diego Amorim Vieira

Doutorando e mestre em direito. Servidor público municipal lotado na Procuradoria Geral do Município do Rio de Janeiro. Assistente de ensino e de pesquisa nos cursos de pós-graduação da FGV DIREITO RIO. Graduado em direito pela Universidade Candido Mendes (Ucam). Tem experiência na área de direito, com ênfase em direito processual civil.

Cláudia Viana

Advogada tributarista, graduada pela Universidade Federal do Rio de Janeiro (UFRJ), com especialização em contabilidade geral e tributária pela FGV. Atua em consultoria jurídica e contencioso tributário, tanto na esfera administrativa quanto na judicial, em relação a todos os tributos, sem distinção.

Daniel Strauch Ribeiro

Formado em direito pela Universidade Federal Fluminense (UFF). Pós-graduado em *publishing management* pela FGV. Graduando em biblioteconomia e gestão de unidades de informação pela Universidade Federal do Rio de Janeiro (UFRJ).

Fábio Fraga

Graduado pela Faculdade de Direito da Pontifícia Universidade Católica do Rio de Janeiro (PUC-Rio). Pós-graduado em direito tributário pela Universidad de Salamanca (Espanha). Pós-graduado em direito de petróleo e gás pelo Instituto Brasileiro do Petróleo, Centro de Estudos Avançados e Pesquisas do Petróleo da Universidade do Estado do Rio de Janeiro (Uerj) e pela Faculdade de Direito de Campos. Doutorando na Universidade Autônoma de Lisboa. Ex-integrante de Rennó, Rennó e Lopes da Costa Advogados e de Avvad, Osório, Fernandes, Mariz, Moreira Lima e Fabião Advogados. Ex-advogado da Petrobras. Diretor do Grupo de Debates Tributários do Rio de Janeiro (GDT-Rio). Membro do Conselho Consultivo da Associação Brasileira de Direito Financeiro (ABDF). Membro do Conselho do Mestrado em Tributação Internacional da New York University (NYU).

Guilherme Villas Bôas e Silva

Bacharel em direito pela FGV DIREITO RIO e pós-graduado em direito tributário pela mesma instituição. Mestrando em direito tributário na FGV DIREITO SP. Advogado do escritório Pinheiro Neto Advogados.

Gustavo Brigagão

Presidente da Associação Brasileira de Direito Financeiro (ABDF); presidente da Câmara Britânica do Rio de Janeiro

(Britcham-RJ); membro do Executive Committee e General Council Member – Internacional Fiscal Association (IFA); diretor de relações institucionais do Centro de Estudos das Sociedades de Advogados (Cesa); diretor da Federação das Câmaras de Comércio do Exterior (FCCE); conselheiro da seccional do Rio de Janeiro da Ordem dos Advogados do Brasil (OAB); professor de direito tributário em cursos de pós-graduação da FGV; sócio do Escritório Ulhôa Canto.

Leonardo Costa

Coordenador da pós-graduação *lato sensu* em direito tributário da FGV DIREITO RIO, onde também é professor da graduação e da pós-graduação. Mestre em direito econômico e financeiro por Harvard Law School (Cambridge, MA), título expedido e validado pela Universidade de São Paulo (USP). Pós-graduado *lato sensu* em contabilidade pela Escola de Pós-Graduação em Economia da Fundação Getulio Vargas (FGV/EPGE). Bacharel em economia e direito pela Pontifícia Universidade Católica do Rio de Janeiro (PUC-Rio). Auditor fiscal da Receita Estadual do Estado do Rio de Janeiro com atuação na área normativa da Superintendência de Tributação.

Linneu de Albuquerque Mello

Graduado pela Universidade do Estado do Rio de Janeiro (Uerj), pós-graduado em tributação internacional e comparada pela Faculdade de Direito da Universidade de Harvard (EUA). Mestre e doutor pela Faculdade de Direito da Universidade de Michigan (EUA). Professor universitário, palestrante e autor de diversos artigos jurídicos. Membro da Ordem dos Advogados do Brasil (OAB), seccionais Rio de Janeiro e São Paulo.

Marcelo Ludolf

Pós-graduado em direito tributário pelo Instituto Brasileiro de Estudos Tributários (Ibet). Graduado em direito pela Pontifícia Universidade Católica do Rio de Janeiro (PUC-Rio). Tem curso de extensão em direito processual tributário pela Universidade Candido Mendes (Ucam). É membro da Ordem dos Advogados do Brasil (OAB), seccional Rio de Janeiro, da Associação Brasileira de Direito Financeiro (ABDF) e do Grupo de Debates Tributários do Rio de Janeiro (GDT-Rio). Assistente de pesquisa nos cursos de pós-graduação da FGV DIREITO RIO. Advogado e associado do escritório Basilio Advogados.

Márcia Luiza Mignone

Advogada e redatora. Pós-graduada em direito tributário pelo Instituto Brasileiro de Estudos Tributários (Ibet).

Rafaela Monteiro Montenegro

Graduada pela FGV DIREITO RIO. Atua como advogada na equipe tributária do escritório Siqueira Castro Advogados.

Rodolfo de Castro Souza Filho

Mestre em ciências contábeis pela Universidade do Estado do Rio de Janeiro (Uerj), economista pela Universidade Federal Fluminense (UFF), professor convidado da FGV, da Escola Superior de Administração Fazendária (Esaf) e da Fundação Instituto de Pesquisas Contábeis, Atuariais e Financeiras (USP/Fipecafi). Auditor fiscal da Receita Federal do Brasil, aposentado.

Silvio Kamogari

Economista. Pós-graduado em comércio exterior pelo Centro de Ensino Superior de Maringá (Cesumar-PR), *expert* em operações de aduana e comércio exterior do segmento automotivo.

Vânia Maria Castro de Azevedo

Pós-graduanda em língua portuguesa pela Universidade do Estado do Rio de Janeiro (Uerj). Especializada em *publishing management: o negócio do livro* pela FGV. Atua no mercado editorial como copidesque e revisora de livros técnicos e científicos e, atualmente, como revisora do material didático dos cursos de extensão e especialização da FGV DIREITO RIO.

Este livro foi impresso nas oficinas gráficas da Editora Vozes Ltda.,
Rua Frei Luís, 100 – Petrópolis, RJ.